AI와 패션 산업

인공지능총서

인공지능 시대입니다. 기계가 인간의 인지를 대신하고, 사물이 인간을 통하지 않고 다른 사물과 직접 커뮤니케이션합니다. 이에 따른 인간 삶과 문명 변화를 정확히 이해·예측·대응하는 것은 이 시대 우리 모두의 과제입니다. 인공지능총서는 인공지능 기술과 환경의 여러 주제를 10가지 키워드로 정리합니다. 관련 개념과 이론, 학계와 산업계의 쟁점, 우리 일상의 변화를 다룹니다. 인간과 기술의 현재, 미래를 세심히 분석합니다.

일러두기

- 인명, 작품명, 저서명, 개념어 등은 한글과 함께 괄호 안에 해당 국가의 원어를 병기했습니다.
- 외래어 표기는 현행 어문규정의 외래어표기법을 따랐습니다.

처음이세요?

전문가세요?

AI와 패션 산업

류현석

대한민국, 서울, 커뮤니케이션북스, 2025

AI와 패션 산업

지은이 류현석
펴낸이 박영률

초판 1쇄 펴낸날 2025년 9월 17일

커뮤니케이션북스(주)
출판 등록 2007년 8월 17일 제313-2007-000166호
02880 서울시 성북구 성북로 5-11
전화(02) 7474 001, 팩스(02) 736 5047
commbooks@commbooks.com
www.commbooks.com

ISBN 979-11-430-0783-4 03500

책값은 뒤표지에 표시되어 있습니다.

차례

AI와 패션 산업, 감성과 알고리즘이 만나는 곳

디지털라이제이션

2015년 이후, 국내외 재계를 관통하는 키워드는 단연 '디지털라이제이션(Digitalization)'이었다. 거의 모든 기업의 경영 전략에 이 단어가 포함되었고, 패션 유통업계 역시 예외는 아니었다. 필자가 몸담고 있던 기업도 디지털 사업 본부를 신설하며 체질 개선을 선언했다. 새로 부임한 디지털 사업 본부장은 직접 직원들을 상대로 우리 회사가 앞으로 추진하게 될 '디지털라이제이션' 전략을 설명하는 자리를 마련했다. 그 자리에서 필자가 했던 질문은, "디지털이란 무엇인가?"였다.

필자가 백화점 MD 전략 팀장으로 부임해서 기존의 우리 MD 전략 팀원들에게 물었던 첫 번째 질문이, "MD(머천다이징, Merchandising)란 무엇인가?"였다. 아니, 정확히는 "'우리 회사가 정의하는 MD는 무엇이며, 그에 따른 MD 전략은 무엇인가?"였다.

우리는 의외로 아주 빈번하게, 위의 사례들처럼 '디지털이란 무엇인가'에 대한 정의 없이 '디지털라이제이션'

을 논하거나, 오랫동안 MD 업무를 해 왔음에도 정작 그 본질을 깊이 고민해 보지 않은 채 관성적으로 실행 전략을 수립하고 일상적으로 실행하곤 한다.

이렇게 되면 '비컨(Beacon) 서비스'를 도입해 디지털 마케팅을 선도하겠다면서도, 이로부터 수집되는 고객 데이터를 저장하고 분석할 서버에는 정작 투자하지 않는다든지, 아마존 고(Amazon GO) 매장에 적용된 컴퓨터 비전, 딥 러닝 알고리즘, 센서 퓨징, 저스트 워크 아웃 테크놀로지(Just Walk Out Technology) 같은 첨단 기술과 그로부터 축적되는 방대한 고객 데이터의 중요성을 이해하려는 노력 없이, 단지 '국내 최초로 신기술을 접목한 무인 편의점을 도입했다'는 타이틀을 얻기 위해 아무 의미 없는 투자로 돈과 시간을 낭비하기도 한다. 그래서 오늘 우리가 'AI와 패션 산업'을 이야기하기 위한 가장 중요한 질문은 다음과 같다.

패션이란 무엇인가

패션은 단순히 '옷의 유행'이나 외형적 변화에 그치지 않는다. 학계에서는 패션을 사회 문화적 코드, 정체성 표현의 장, 시대의 감수성과 권력관계를 담은 기호 체계로 정의해 왔다.

기호학자 롤랑 바르트(Roland Barthes)는 패션을 의복이나 의류 그 자체가 아니라 하나의 기호로 보았으며, 이에 따라 패션을 글로 표현하거나 서술했을 때 비로소 분석의 대상이 되는 것으로 보았다. 반면 독일의 철학자 게오르크 지멜(Georg Simmel)은 패션을 '사회적 동조와 차별의 긴장을 조율하는 메커니즘'으로 분석했다. 다시 말해, 사람들은 집단에 소속되고자 하면서도 동시에 자신만의 개성을 드러내고 싶어 하는데, 지멜은 바로 이 상반된 욕구를 조화롭게 조정하는 과정이 패션의 본질이라고 설명했다.

프레드 데이비스(Fred Davis)는 패션을 '시대정신(zeitgeist)의 반영이자, 규범 변화의 문화적 지표'로 해석하였으며(Davis, 1992), 조앤 엔트위슬(Joanne Entwistle)은 패션을 '젠더, 계급, 정체성 수행(performance)의 장으로 보고, 옷 입기를 통해 사회적 자아가 구성된다'고 주장했다(Entwistle, 2000).

국내 학자들 또한 이와 유사한 맥락에서 패션의 사회·문화적 맥락을 조망했다. 서울대 이은영 교수는 패션을 '개인의 심리적 만족과 사회적 상호 작용의 결과'로 보며, 유행의 확산과 전파 과정을 통해 그 구조를 해석했다.

한편, 한국패션디자인학회는 트렌드를 소비자와 사회가 함께 형성하는 미래 지향적 경향으로 정의하며, 단순한 유행을 넘어선 집단적 감수성의 반영이라 설명한다. 이미지 코칭이나 브랜딩을 전파하는 박영실 박사는 패션을 '제2의 언어이자 정체성을 표현하는 강력한 메시지'로 정의하여, 패션이 '시각적 언어로서 인간 행동과 커뮤니케이션을 구성한다'고 보았다.

이러한 학술적 접근 외에 일반적인 정의를 살펴보자면, 국립국어원의 《표준국어대사전》에서는 패션을 '특정한 시기에 유행하는 복식이나 두발의 일정한 형식' 또는 '새로운 양식'으로 정의했다. 한편 패션의 어원으로 추정되는 라틴어 'factio'는 '(파벌이나 집단을) 만든다'는 뜻을 가진다.

전체적 맥락을 종합해 볼 때, 필자는 패션을 '특정한 시기와 장소에서 많은 사람들이 받아들이는 외형이나 양식'이라 정의해 왔다. 다시 말해 패션에는 세 가지 본질적인 요소가 존재한다.

첫째, 패션은 의외로 보편적이거나 초시공적인 개념이 아니라, 언제나 특정한 시대와 지역이라는 맥락 속에서만 정의될 수 있다. 같은 옷차림이라 하더라도, 그것이 유행으로 인정받는 시기와 장소는 분명히 다르기 때

문이다.

둘째, 그러한 시공간적 맥락 속에서 다수의 사람이 일정 기간 받아들이고 공감할 수 있는 수용 가능성이 전제되어야 한다.

셋째, 패션은 본질적으로 외형을 통해 표현되며, 일정한 양식과 형태를 수반한다. 다시 말해, 패션은 관념이나 철학처럼 내면에 머무는 것이 아니라, 스타일 · 실루엣 · 색감 등 외형적 특성을 통해 구체화하고 사회적으로 공유된다.

결국 패션은 의복을 매개로 한 인간과 사회 간의 시공간적 복합 상호 작용의 산물이며, 이러한 본질에 대한 이해는 AI 기술이 패션 산업과 접목될 때 나타나는 구조적 변화의 맥락을 파악하는 데 핵심적인 전제가 된다.

패션의 역사적 진화: 계급에서 알고리즘까지

패션은 단순히 외양을 꾸미는 행위 이상의 의미가 있다. 그것은 시대정신의 반영이자 계급의 표현이며, 문명과 기술 또는 문화의 흐름을, 옷을 입는다거나 기타 액세서리 혹은 장신구들을 사용하는 방식으로 드러내는 독특한 언어다. 이런 방식으로 패션의 역사는 인류 문명의 발전과 궤를 같이해 왔다.

고대 사회에서 의복은 생존의 도구이자 공동체 정체성의 상징이었다. 고대 이집트와 메소포타미아, 그리스·로마 시대에는 의복을 통해 성별, 신분, 직업을 나타냈으며, 재료와 염색, 재단 방식에 따라 사회적 위계가 드러났다. 예컨대 이집트의 리넨 옷, 로마 귀족의 토가(toga)는 기술과 권력의 총합이었다.

중세 유럽에서는 교회와 왕권이 패션의 기준을 규정했다. 사치 금지법(sumptuary laws)을 통해 특정 계급만이 특정 색상이나 재료를 사용할 수 있도록 제한하였으며, 이는 패션이 사회 질서를 강화하는 장치로 작용했음을 보여 준다. 르네상스 이후 상업과 도시가 발달하면서 장인 기반의 옷 만들기와 직물 무역이 활발해졌고, 패션은 문화적 표현의 도구로서 점차 기능하기 시작했다.

17~18세기에는 프랑스의 절대 왕정과 궁정 문화가 유럽 패션의 중심축을 형성했다. 베르사유 궁정은 '오트쿠튀르(Haute Couture)'의 시초라 할 수 있으며, 이 시기에는 의복이 정교한 기술과 장인의 수작업으로 완성되는 예술품으로 인식되었다. 그러나 19세기 산업 혁명은 이 흐름에 일대 전환을 가져왔다. 기계화된 방적·직조 기술, 재봉틀의 상용화, 표준화된 패턴 시스템은 패션을 대량 생산의 대상으로 만들었고, '의복의 민주화'를 실현

했다.

찰스 프레더릭 워스(Charles Frederick Worth)의 등장은 디자이너 브랜드의 탄생을 알리며 현대 패션 산업의 출발점이 되었다. 그는 19세기 중반 파리에서 자신의 이름을 내건 '하우스 오브 워스'를 설립하며, 최초의 디자이너 브랜드 개념을 창출한 인물이다. 그는 고객 맞춤형 제작에 머무르지 않고, 디자이너가 주도하는 창의적 패션을 제시하며 브랜드 중심의 패션 구조를 구축했다. 마네킹을 활용한 샘플 제안, 시즌 컬렉션 개념 도입 등은 현대 패션쇼의 기원이 되었고, 오트 쿠튀르 제도의 형성에도 이바지하며 프랑스를 세계 패션의 중심지로 자리매김하게 했다. 이처럼 워스의 등장은 단순한 재단사의 시대를 넘어, '패션 디자이너'를 매개로 패션이 예술과 산업으로 발전하는 전환점을 이룬 결정적 계기가 되었다.

아시아의 패션사는 서구 중심의 복식사와는 다른 궤적을 지닌다. 우리나라의 한복(韓服), 중국의 한푸(漢服), 일본의 기모노(着物), 인도의 사리(sari)는 단순한 전통복이 아니라, 지역 권력 구조와 세계관, 미적 가치의 총체로 기능했다. 예컨대 기모노는 신분에 따라 문양, 소매길이, 소재가 엄격히 구분되었고, 한푸는 유교적 위계질서를 시각화하는 수단이었다. 동아시아는 '접는 옷'이라는 독특한 패턴 구조를 통해 유럽의 재단식 복식과는 다른 의복 미학을 형성했다. 아시아의 패션사는 의복 그 자체뿐 아니라 섬유 기술과 유통망의 구조에서도 독자적 진화를 보여 준다.

중국은 이미 기원전 2700년경 누에고치로 실크를 생산하고 이를 귀족과 황실 중심으로 소비했다. 실크로드(Silk Road)를 통한 비단의 유통은 단순한 상품 교역을 넘어 중국 문화권의 영향력을 유럽과 아랍 세계까지 확장하는 통로였다. 일본 역시 기모노 문화와 더불어 견직물 생산과 유통이 발달했으며, 염색 기법[예: 유젠 염색, 友禅染, Yuzen-zome, 일본의 전통적인 염색 기법으로, 섬세하고 화려한 문양을 손으로 그려 넣는 방식의 방염(防染) 염색법]이 일본 고유의 미학을 형성했다.

한국의 복식 문화는 전통적으로 '여백의 미', '선(線)의 미학', '절제된 색채감'을 중시해 왔다. 삼국 시대에는 중국의 영향 속에서 고유 복식 체계를 발전시켰고, 고려 시대는 몽골, 원나라의 복식이 융합되며 형태의 다양성이 증가했다. 조선 시대에는 신분과 성별, 혼례나 상례에 따른 의복 체계가 정교화되었고, 색상 · 소재 · 형태 모두에 의미가 부여되었다. 특히 한복은 구조적 미와 철학적 사고가 결합한 복식 체계로, 현대의 모던 패션 디자이너에게도 중요한 영감의 원천이 되고 있다.

21세기 한국 디자이너들(이상봉, 하용수, 정구호 등)은 이 전통 직물을 현대 패션에 재해석하며 글로벌 시장에서도 차별화된 미학을 선보이고 있다. 한국 전통 섬유문화는 기술의 진보와 함께 동시대 감성으로 확장되며, 디지털 시대의 '하이브리드 문화 자산'으로 재조명받고 있다.

한편, 20세기 들어 패션은 빠르게 상업화되었다. 패션쇼와 매거진, 백화점 유통이 확산하면서 '트렌드'라는 개념이 정립되었고, 패션은 산업과 미디어, 소비문화가 결합한 복합 생태계로 성장했다. 크리스티앙 디오르, 코코 샤넬, 이브 생로랑 등의 디자이너들은 대중문화와 고급 예술의 경계를 넘나들며 패션의 위상을 높였다.

20세기 초반, 과학 기술의 발달로 나일론, 레이온 등 인공 섬유가 등장하면서 패션 산업에 소재 혁명이 일어났다. 이에 따라 가볍고 실용적인 의복이 가능해졌고, 스포츠웨어는 기능성과 활동성을 갖춘 대중 패션으로 확산됐다. 샤넬(CHANEL)은 남성 스포츠 소재인 저지를 여성복에 도입해 실용적 스타일을 창조했고, 프랑스의 테니스 선수였던 쉬잔 랑글랑(Suzanne Lenglen)은 짧은

스커트와 민소매 의상으로 스포츠 패션의 대중화에 이바지했다. 이는 현대 애슬레저 스타일의 기원이 되기도 했다.

21세기 들어 글로벌화와 디지털 기술은 패션 산업의 또 다른 진화를 촉발했다. 스파 브랜드의 부상(자라, 유니클로), 디지털 패션 플랫폼(파페치, 네타포르테), 3D 디자인 툴(CLO 3D), 가상 피팅, 지속 가능성 윤리 등은 기술 기반의 새로운 경쟁 질서를 예고했다. 특히 최근 AI의 등장으로 패션 산업은 전례 없는 패러다임의 전환을 맞이하고 있다.

AI 기술의 등장은 패션 산업의 전 주기에 근본적인 영향을 미치고 있다. 초기에는 데이터 기반의 소비 분석이나 트렌드 예측 수준에 머물렀지만, 오늘날에는 생성형 AI를 활용한 디자인, 개인화 추천 시스템, 스마트 제조, 재고 예측, 증강 현실 기반 가상 피팅 룸, 디지털 마케팅 자동화, 감정 기반 제품 큐레이션 등 광범위한 영역에 도입되고 있다.

AI가 패션 산업에 도입되는 과정은 기존 방식의 대체가 아니라 재구성과 재정의의 과정이다. 디자인은 더 이상 디자이너 개인의 감성과 경험에만 의존하지 않으며, 소비자 경험은 물리적 매장에만 국한되지 않고, 메타버스와 모바일 공간에서 이루어진다. 또한 생산과 유통은 예측과 자동화의 정밀함을 통해 효율성을 극대화하는 방향으로 변모하고 있다. 이처럼 AI는 산업의 '보조 기술'이 아닌 '구조적 요소'로 자리매김하고 있으며, 이는 필연적으로 산업 전략뿐만 아니라 문화적 정체성, 윤리, 창의성 등 복합적인 이슈와 연결된다.

패션 인사이트에서 데이터 인사이트로

1996년 봄/여름 컬렉션에서 미우치아 프라다(Miuccia Prada)는 'Ugly Chic(엉뚱한 멋짐)'이라는 혁신적 미학을 제시하며 전통적인 미적 코드에 도전했다. 이는 단지 한 시즌의 유행을 넘어, 패션이라는 창조 산업이 디자이너의 감각적 직관과 문화적 상상력에 기반하고 있음을 상징적으로 보여 주는 사건이었다. 실제로 20세기 말까지의 패션 기획은 대부분 디자이너의 주관적 통찰, 오랜 현장 경험, 정성적 소비자 조사, 트렌드 예측 보고서 등에 의해 결정되었다. 이러한 방식은 창조적 자유를 전제로 하되, 비정형적이고 비표준화된 데이터에 의존하는 예술형 비즈니스 모델에 가까웠다.

그러나 1990년대 중반 이후 패션 산업은 근본적인 충격을 경험하게 된다. 바로 스파(SPA, Specialty store retailer of Private label Apparel) 브랜드의 급부상이다. 1986년 미국에서 시작된 갭(GAP)을 비롯해 이후 자라(Zara), 유니클로(Uniqlo) 등으로 대표되는 SPA 브랜드들은 기획-생산-유통을 통합한 수직 계열화 모델을 통해 전통적인 시즌 중심 컬렉션 시스템을 무력화했다. 이들은 감성보다는 데이터, 영감보다는 피드백, 6개월 단위가 아닌 2주 단위의 '초단기 트렌드 순환'에 주력하며, 패션 산업의 흐름을 '디자인 중심'에서 '공급망 중심'으로 이동시켰다.

2008년 글로벌 금융 위기는 이러한 흐름을 더욱 가속했다. 경제 위기 이후 소비자는 고급스러움보다는 실용성, 희소성보다는 가성비를 중시하게 되었고, 브랜드는 이러한 시장의 요구에 빠르고 정확하게 반응하지 않고서는 생존하기 어려운 구조로 진입하게 되었다. 이러한 변화로 인해, 직관에 기반한 전통적인 느린 기획은 더 이상 유효하지 않게 되었으며, 상품 실패는 곧 재고 과잉과 폐기 비용의 증대로 이어졌다. 패션 기업은 "감에 의한 예측"의 한계를 절감하게 되었고, 이에 대응할 수 있는 구조적 해법으로 데이터에 기반한 전략을 모색하게 된다.

결정적인 전환점은 2020년 코로나 팬데믹이었다. 전

세계적인 봉쇄와 거리두기 조치로 인해 오프라인 리테일은 마비 상태에 놓였고, 소비자는 급격히 온라인 중심의 쇼핑 행태로 이동했다. 이 과정에서 수요 예측, 상품 큐레이션, 유통 채널 운영에서 불확실성이 급격히 증가했다. 패션 산업은 전례 없는 혼란을 맞았고, 이에 따라 브랜드들은 소비자 데이터를 실시간으로 수집 · 분석하여 민첩하게 대응할 수 있는 기술적 기반의 필요성을 절실히 인식하게 된다.

바로 이 지점에서 AI 기반 기술과 데이터 분석 시스템이 '해결책'으로 부상한다. 고객 구매 히스토리, SNS상의 언급량, 지역별 검색 트렌드, 기후 데이터, 클릭률(CTR, Click-Through Rate), 체형 정보 등 다양한 데이터를 수집하고, 이를 머신 러닝 및 딥 러닝 기반 알고리즘으로 분석하여 상품 기획에 반영하는 방식이 본격화한다. 예를 들어, AI는 수요를 예측해 생산량을 조정하고, 고객에게 가장 적합한 상품을 추천하며, 실시간 피드백을 통해 마케팅 메시지를 최적화하는 데 활용된다.

리바이스(Levi's)는 팬데믹 시기를 계기로 디지털 전환을 본격적으로 추진한 대표적인 사례다. 오랫동안 오프라인 매장을 중심으로 성장해 온 이 브랜드는 위기 상황에서 과감한 방향 전환을 택했다. 2020년부터 리바이스는 구글 클라우드(Google Cloud)와 협력해 글로벌 고객 데이터를 통합하고, 머신 러닝(Machine Learning, ML) 기반의 마케팅 자동화 시스템을 도입하였으며, 이를 통해 고객의 행동 데이터를 분석하고, 취향에 맞춘 콘텐츠를 자동으로 제공하며 광고 성과를 실시간으로 최적화할 수 있게 되었다.

결국 오늘날 패션 산업은 더 이상 디자이너의 영감만으로 지속 가능하지 않다. 감각적 창의성은 여전히 중요하지만, 그것은 데이터와 기술적 통찰에 기반한 구조적 분석 위에 구축되어야만 시장성과 실현 가능성을 확보할 수 있다. 데이터는 이제 '영감의 보조'가 아니라, '전략의 전제'로 자리 잡고 있으며, 패션 비즈니스는 직관에서 알고리즘으로, 그리고 예술에서 기술로 서서히 이동하고 있다.

본서는 이러한 AI와 패션 산업의 접점을 총 10개 장으로 나누어 다룬다. 각 장에서는 기술적 현상에 대한 단순한 기술을 넘어서, 그 사회적 · 산업적 함의와 변화의 구조를 조망하고자 한다. 각 장의 주제는 단순히 기술 중심의 나열이 아닌, 패션 산업의 실제 변화의 흐름과 구조적 맥락, 그리고 AI 기술이 개입하는 방식의 다양성과 깊이를 고려하여 선정되었다.

"패션 산업의 디지털 전환"은 전체 논의의 출발점이 되는 장으로, AI라는 기술이 도입되기 전부터 이미 패션 산업 내에서 진행되어 온 디지털화의 흐름을 조망한다. 캐드(CAD), 디지털 섬유 프린팅, 온라인 유통망의 발전과 같은 기술들은 AI로 향하는 전 단계의 기술적, 조직적 기반을 마련해 왔으며, 이를 통해 AI가 패션 산업에 들어설 수 있었던 맥락을 이해하고자 한다. 따라서 이 장은 AI 기술의 등장을 맥락화하기 위한 '전사적 시점'을 제공한다.

"생성형 AI와 디자인의 자동화"는 생성형 AI와 이미지 기반 모델들이 패션 디자인에 응용되기 시작하면서, 인간 디자이너와 알고리즘 간의 협업이 점차 보편화되고 있다는 점에 주목한다. 이 장은 AI의 창작 가능성을 기술적 능력의 진보로만 보지 않고, 인간의 창의성에 어떤 방식으로 결합하는지를 중심으로 다룬다. 이 주제는 패션의 본질인 '창조'의 영역에 AI가 개입한다는 점에서 매우 근본적인 전환을 상징한다.

"트렌드 예측과 AI"에서는 디자이너의 직관, 컬렉션의 트렌드, 유명 인사들의 스타일에서 출발했던 유행이 오늘날에는 SNS 해시태그, 온라인 구매 데이터, 검색 패턴 등의 데이터를 정량화하고, 이를 기반으로 한 예측으로도 가능해진 부분에 대해 다룬다. 이 장은 AI가 '감(感)'이 아닌 '데이터'를 통해 유행을 정의하는 새로운 방식이 어떻게 정착되고 있는지를 분석한다.

"맞춤형 패션과 추천 시스템"에서는 패션 소비 과정에서 AI가 실질적으로 고객과 상호 작용하는 영역을 집중 조명한다. AI 추천 시스템은 고객의 과거 구매 이력, 클릭 데이터, 체형 정보 등을 바탕으로 개인화된 쇼핑 경험을 제공하며, 이는 브랜드 충성도 및 구매 전환율을 높이는 핵심 전략이 되고 있다. 이 장은 패션이 점점 더 고객 중심으로 재편되는 현상을 설명하고자 한다.

패션 산업은 공급 과잉과 잉여 재고라는 고질적 문제를 안고 있다. 이에 AI는 수요 예측, 생산 자동화, 로봇 기반 봉제 시스템 등을 통해 효율성을 극대화하고 있다.

"스마트 생산과 공정 자동화"에서는 생산부터 물류까지 이어지는 가치 사슬 내에서 AI가 어떻게 낭비를 줄이고 지속 가능성을 높이고 있는지를 중점적으로 알아본다.

"VR · AR 기술과 디지털 소비자 경험"에서는 가상 피팅 룸, 디지털 쇼룸, 메타버스 공간에서의 패션 경험 등에 대해 알아본다. 본 장은 이러한 기술이 기존의 오프라인 중심의 패션 소비문화를 어떻게 바꾸고 있으며, 디지털 네이티브 세대를 위한 새로운 접점을 어떻게 창출하고 있는지를 분석한다.

"AI가 바꾸는 패션 유통 채널"은 전통적 오프라인 유통망이 AI 기반의 기술로 어떻게 재편되고 있는지를 설명한다. 스마트 미러, 무인 매장, AI 큐레이션 매장 등은 단순한 기술적 흥미를 넘어, 브랜드의 운영 방식과 소비자 접점을 근본적으로 변화시키고 있다. 특히 팬데믹 이후 온오프라인의 융합이 급속도로 가속화됨에 따라 이 주제는 더욱 중요해졌다.

"지속 가능성과 AI"는 AI의 패션 산업 도입에 따른 문제의식을 담았다. 기술의 확산은 대기업과 중소 브랜드 간의 격차를 확대할 수 있으며, AI가 생성한 디자인의 저작권 문제나 갈수록 모호해지는 창의성의 기준, 개인 정보의 과도한 활용 등 다양한 윤리적 질문을 동반한다. 이 장은 AI 기술의 그림자를 자세히 조명함으로써 균형 잡힌 시각을 제시한다.

"데이터와 패션 브랜드의 전략"에서는 브랜드가 고객 데이터를 수집 · 분석하여 제품 기획, 마케팅, 가격 정책, 고객 관리 전략에 어떻게 반영하는지를 구체적으로 설명한다. 데이터는 이제 패션 브랜드의 핵심 자산이며, 이 장은 이를 통해 브랜드가 어떻게 경쟁력을 확보하고 있는지를 실제 사례를 중심으로 다룬다.

마지막으로 "미래의 패션, 인간과 AI의 공진화"는 단순한 기술적 진보를 넘어, AI와 인간이 어떤 방식으로 공존하고 상호 보완적인 창조 주체로 발전해 나갈 수 있을지에 대한 철학적 질문을 던진다. 이 장은 기술 중심의 서술에서 벗어나, 인간성, 창의성, 사회적 책임이라는 패션의 본질적 가치들을 AI 시대에 어떻게 재정의할 수 있을지 고민하게 되는 문제의식을 제안한다.

참고문헌

박영실(2025.1.6). "패션은 이미지로 상대를 뒤흔드는 메시지다!". 《한국경제》. https://www.hankyung.com/article/202501035138Q

양연희·이정수(2025). "생성형 AI 기반 패션디자인 프로세스의 단계별 활용 가능성 연구 – 미드저니(Midjourney)를 중심으로". 《복식문화연구》, *33*(2), 253~268쪽.

이은영(1990). 《패션마케팅》. 교문사.

임현숙(2009). "불황기에 따른 패션트렌드에 관한 연구". 《한국패션디자인학회지》, 9(4), 61~75쪽.

패션엔(2016.4.12.). "패션이란 무엇인가? 2천년 유럽복식과 5천 년 한국복식". https://www.fashionn.com/board/read_new.php?table=1002&number=15632

Barnard, M.(1996). *Fashion as Communication*. Routledge.

Barthes, R.(1983). *The Fashion System*. (trans.). Hill and Wang.

Breward, C.(2003). *Fashion.* Oxford University Press.
Davis, F.(1992). *Fashion, Culture, and Identity.* University of Chicago Press.
Entwistle, J.(2000). *The Fashioned Body: Fashion, Dress and Modern Social Theory.* Polity Press.
Hollander, A.(1993). *Seeing Through Clothes.* University of California Press.
Lipovetsky, G.(1994). *The Empire of Fashion: Dressing Modern Democracy.* Princeton University Press.
McKinsey & Company(2024). State of Fashion report archive(2017~2024).
McQuivey, J.(2013). *Digital Disruption: Unleashing the Next Wave of Innovation.* Amazon Publishing.
Waldow, J.(2023). Levi's first-ever chief digital officer is 'focusing on the fundamentals' to triple e-commerce sales. Modern Retail.
https://www.modernretail.co/operations/levis-first-ever-chief-digital-officer-is-focusing-on-the-fundamentals-to-triple-e-commerce-sales/
Evangelista, P. N.(2020). Artificial intelligence in fashion: how consumers and the fashion system are being impacted by AI-powered technologies. Master's Degree in Design for the Fashion System, Politecnico di Milano.
Simmel, G.(1957). Fashion. *American Journal of Sociology, 62*(6), pp.541~558.
Steele, V.(1988). *Paris Fashion: A Cultural History.* Berg Publishers.
Tortora, P.(2015). *Dress, Fashion and Technology: From Prehistory to the Present.* Bloomsbury Academic.

01
패션 산업의 디지털 전환

AI는 패션 산업의 전반에 깊숙이 침투해 기획, 디자인, 생산, 유통, 소비자 경험에 이르기까지 기존의 방식과 생태계를 근본적으로 변화시키고 있다. 동시에 기술 격차, 창의성 침해, 프라이버시 침해 등 새로운 윤리적 과제를 야기하며, 산업은 혁신과 책임 사이에서 균형을 모색하고 있다.

AI와 1인 창업?

디지털 패션의 역사, 기술과 패션의 만남

패션 산업에서 디지털 기술의 도입은 1990년대 컴퓨터 지원 설계(Computer-Aided Design, CAD) 기술의 도입으로 본격화했다. 당시 랄프 로렌(Ralph Lauren), 캘빈 클라인(CalvinKlein) 같은 미국의 대형 브랜드들은 캐드를 활용해 디자인 시안을 디지털로 구현함으로써 샘플 제작 비용과 시간을 줄일 수 있었다. 이후 2000년대 초반부터는 제품 수명 주기 관리 시스템(Product Life cycle Management, PLM)이 보급되면서 디자인, 생산, 유통 등 전 과정이 데이터로 통합 관리되기 시작했다. 예컨대, 나이키(Nike)는 2003년부터 PLM을 도입하여 제품 개발 주기를 단축하고 품질 관리 시스템을 자동화했다.

2010년대에는 패션 유통 채널이 본격적으로 온라인 중심으로 전환되면서 패션 이커머스 기업들이 급성장했다. 중국의 알리바바(Alibaba)는 2011년 '타오바오(Taobao)'를 통해 연간 1조 위안(약 180조 원)의 거래를 기록하며 온라인 쇼핑의 대중화를 이끌었고, 한국에서도 무신사, 스타일쉐어, 29CM 등과 같은 플랫폼이 성장하며 디지털 소비 생태계를 형성했다. 이러한 변화는 단순한 유통 산업의 변화가 아니라 데이터 기반 소비 분석, 트렌드 예측 기술의 도입으로 이어졌다.

2015년 이후부터는 본격적으로 AI 기술이 패션 산업에 도입되었다. 2016년, 독일의 패션 플랫폼인 잘란도(Zalando)와 구글이 함께 기획한 프로젝트 뮤즈(Project Muze)를 통해 AI의 패션 디자이너로서의 가능성을 선보였다. 구글의 자체 머신 러닝 프로그램이 잘란도의 플랫폼 안에서 패션 전문가들이 제공한 각종 데이터—패션 트렌드, 컬러, 텍스처, 스타일 등—를 학습하여 뮤즈가 패션 아이템들을 스스로 제안하도록 했다. 특히 이 작업이 주목받는 이유는 사용자가 선택한 성별, 취향, 컬러, 분위기, 스타일은 물론 각종 요구 사항을 이러한 키워드에 따라 고객 맞춤 의상으로 일일이 디자인할 수 있었다는 데 있다. 2020년에는 LVMH가 구글 클라우드와 파트너십을 맺고, AI를 활용한 고객 인사이트 분석과 재고 최적화를 추진하기도 했다.

한편, 최근에는 전통적인 컬렉션 패션쇼를 넘어 AI 기반 또는 메타버스 기반의 디지털 패션 위크가 새로운 트렌드로 떠오르고 있다. 2023년 뉴욕에서는 최초의 〈AI 패션 위크(Fashion Week)〉가 개최되어, 디자이너들이 생성형 AI를 활용한 가상 의상을 출품했다. 이 행사는 "AI가 주도하는 디자인이 실제 어떻게 반영될 수 있는가?"라는 질문을 중심으로, 신진 디자이너와 테크 기반 브랜드들의 미래 가능성을 보여 주는 계기가 되었다. 또한, 2022년부터 디센트라랜드(Decentraland)에서는 메타버스 패션 위크(Metaverse Fashion Week)가 정기적으로 개최되고 있다. 돌체 앤 가바나(Dolce & Gabbana), 타미 힐피거(Tommy Hilfiger), 에트로(Etro) 등 글로벌 브랜드들이 참여하여 3D 가상 의상 및 대체 불가능 토큰(Non-Fungible Token, NFT)을 활용한 디지털 패션 생태계를 선보였다.

고객 경험의 새로운 도구, 디지털 전환

패션 산업의 디지털 전환은 단편적 기술 변화가 아닌, 생태계 전체의 재편을 의미한다. 각 단계에서 AI는 다음과 같은 방식으로 기존 산업 구조를 변화시키고 있다.

기획 단계 – 생성형 AI의 도입

2022년 오픈 AI(OpenAI)의 '달리 2(DALL · E 2)'와 같은 생성형 이미지 모델의 등장 이후, 패션 디자이너들은 손으로 그린 그림이 아닌 AI를 활용한 시안을 만들어 본격적으로 활용하기 시작했다. 실제로 뉴욕 기반 스타트업인 칼라(Cala)는 디자이너가 텍스트로 의류 설명을 입력하면 자동으로 시안을 제안하고 샘플 제작까지 연결하는 플랫폼을 운영하고 있다.

생산 단계 – 스마트 팩토리

자라(Zara)의 모회사 인디텍스(Inditex)는 스페인 현지 공장에서 사물 인터넷(IoT) 센서를 통해 생산 현황을 실시간으로 모니터링하고 있으며, AI 기반 예측 시스템으로 재고 순환과 생산량을 조절한다. 그 결과 자라는 2주 안에 기획에서 매장 진열까지 할 수 있는 '초단기 공급망 모델'을 완성했다.

유통 단계 – AI 기반 큐레이션

AI는 온라인 쇼핑몰에서 사용자의 클릭, 구매, 반품 데이터를 분석해 실시간으로 상품을 추천한다. 아마존(Amazon)은 2017년부터 생성적 적대 신경망(Generative Adversarial Network, GAN) 기반의 패션 AI 시스템을 개발하며, 고객에게 어울리는 의류 스타일을 자동으로 제안하는 기술을 실험해 왔다. 해당 시스템은 고객의 과거 구매 이력, 신체 정보, 반품 데이터를 통합 분석하여 개별 소비자에게 최적화된 스타일과 핏을 추천하는 데 초점을 맞추었다. 이 기술은 아마존 프라임(Amazon Prime) 회원을 대상으로 한 '프라임 워드로브(Prime

Wardrobe)' 서비스와 연계되어, 고객의 피드백 데이터를 반영한 큐레이션 경험을 강화했다. 이후, 이 기술은 2022년 오픈한 오프라인 매장 '아마존 스타일(Amazon Style)'의 추천 알고리즘과 맞춤형 의류 제작 서비스인 '메이드 포 유(Made for You)'로 진화하며 개인화 기반의 패션 소비 경험을 확대하고 있다.

소비자 경험 – 가상 피팅 룸과 메타버스 쇼핑

구찌(Gucci)는 2021년 온라인 게임 플랫폼이자 게임 제작 시스템인 로블록스(Roblox)와 협업하여 '구찌 가든(Gucci Garden)'이라는 메타버스 공간에서 구찌의 디지털 아이템을 판매했다. 이 상품은 현실 의류보다 높은 가격에 거래되며 새로운 소비 경험의 가능성을 열었다. 한편, 나이키는 '나이키 핏(Nike Fit)' 앱을 통해 스마트폰 카메라로 발 사이즈를 측정해 최적의 신발을 추천하는 서비스를 운영 중이다.

개인화되는 패션을 위한 맞춤형 기술, AI

패션 산업은 변화 주기가 빠르고 소비자의 감성적 반응에 민감하게 반응해야 하는 특성을 보인다. 이에 따라 '예측'과 '적응' 능력이 핵심 경쟁력으로 부상했고, AI는 이러한 요구에 최적화된 기술로 주목받고 있다.

특히 AI는 빅 데이터를 기반으로 한 수요 예측, 제품 추천, 스타일 분석 등의 영역에서 인간의 직관을 보완하거나 대체하는 역할을 수행한다. 예를 들어, 글로벌 SPA 브랜드 에이치앤엠(H&M)은 2018년부터 AI 기반 수요 예측 시스템을 도입해 매장별 판매 데이터를 분석하고, 지역 및 날씨에 따라 맞춤형 상품을 자동 배치하고 있다. 이를 통해 과잉 재고를 줄이고 운영 효율을 높이는 데 성공했다.

한편, 일본의 조조타운(ZOZOTOWN)은 2017년부터 'ZOZO슈트(ZOZOSUIT)'라는 센서 기반의 스마트 슈트를 도입하여 소비자의 신체 데이터를 측정하고, 이를 기반으로 시간의 흐름에 따라 변화하는 체형을 추적하여 AI 기반 추천 시스템을 통해 개인 맞춤형 의류 제작을 시도하기도 했다. 다만, 조조타운의 혁신적인 스마트 슈트는 2022년 6월 이후, 'ZOZOSUIT 2'라는 형태로 B2B용 서비스로 개발을 이어 갔으며, 슈트 자체는 더 이상 개인에게 배포하지 않고 있다.

국내에서는 스타일쉐어와 29CM가 2020년 인수 합병 이후 사용자 행동 데이터를 기반으로 패션 큐레이션 알고리즘을 개발하고 있다. 이들은 추천 알고리즘을 통해 개인 스타일 분석, 연관 아이템 제안, 사용자 반응 기반 재고 조정 등 다층적 AI 활용을 실현했다. 이처럼 AI는 단순 자동화가 아니라, 예술성과 시장성을 동시에 고려해야 하는 패션 산업에서 '전략적 보조자'로 자리 잡아 가고 있다.

기술의 명암: 새로운 기준과 윤리적 과제

AI는 패션의 미래를 이끄는 강력한 기술이지만, 모든 변화가 긍정적이지만은 않다. 기술 격차, 창의성의 위축, 프라이버시와 데이터 윤리 문제는 해결이 필요한 주요 과제들이다.

대기업과 중소 브랜드 간의 격차

글로벌 브랜드들은 고비용 AI 시스템을 도입하고 기술 인력을 채용할 수 있지만, 중소 브랜드는 이에 접근하기 어렵다. 이는 패션 산업 내 양극화를 심화할 수 있다. 예를 들어, LVMH는 2019년 자체 AI 연구소를 설립하고, 데이터를 활용해 신상품 개발과 고객 맞춤 서비스를 강화했다.

다만 AI 기술의 발전에 따라 초기 투자 비용이 절감되고, 다양한 AI 응용 소프트웨어가 발전하여 오히려 대기업과 중소기업 간의 기술 격차를 줄일 수 있는 요인이 될 것으로 예측하기도 한다.

대기업과 달리 예산과 인력이 제한된 중소 패션 브랜드들은 상용화된 AI 도구를 활용해 기술 격차를 해소하고 있다. 대표적으로 쇼피파이(Shopify)의 '쇼피파이 매직(Shopify Magic)'은 고객 행동 데이터를 분석해 자동 마케팅 문구 생성, 프로모션 추천, 타이밍 최적화를 지원한다. 또한 뷰에이아이(Vue.ai)는 이미지 기반 스타일 태깅(Style Tagging), 재고 자동화, 고객 취향 분석 기능을 통합한 설루션으로, 중소 리테일러에게도 고급 AI 서비스를 제공하고 있다. 이러한 툴들은 초기 비용이 낮고 클라우드를 기반으로 하기 때문에 중소 브랜드도 손쉽게 데이터 기반 운영 전략을 구축할 수 있게 되었다.

창의성의 위협

일각에서는 AI가 디자이너의 창의성을 제한하거나, 유사한 디자인을 대량 생성하여 패션의 다양성을 해칠 수 있다는 우려도 제기된다. 2022년에는 'AI가 디자인한 드레스'가 한 런던 디지털 패션쇼에 등장했지만, 해당 디자인이 기존 작품을 표절했다는 논란이 불거지며 윤리적 논쟁을 일으켰다. 이 사건은 생성형 AI가 기존 이미지 학습을 바탕으로 새로운 창작을 시도할 때, 의도치 않게 저작권 침해 또는 표절의 소지가 있을 수 있다는 점을 부각했다. 또한 일부 플랫폼에서는 유명 브랜드 스타일을 모방한 AI 생성 이미지들이 NFT 형태로 유통되며 법적 분쟁 소지가 발생하기도 했다. 이러한 사례들은 생성형 AI의 창의성 보조 역할에 대한 윤리적 · 법적 기준이 시급하다는 점을 보여 준다.

프라이버시와 데이터 윤리 문제

2021년, 중국 패션 플랫폼 쉬인(SHEIN)은 사용자 데이터를 무단 수집했다는 혐의로 미국 연방 당국의 조사를 받았으며, 이는 AI 활용의 투명성과 데이터 보호 문제를 부각하는 계기가 되었다. 한편, 아이비엠 리서치(IBM Research)는 기업이 고객 데이터를 사용할 때 '가명으로 변환된 데이터 세트', '설명 가능한 AI 모델(Explainable AI, XAI)', '데이터 권리 대시 보드' 구축 등의 가이드라인을 제시하며 윤리적 AI 활용을 강조하고 있다.

이처럼 기술은 혁신을 이끄는 동시에 새로운 문제를 수반하며, 산업은 '효율성과 윤리성'이라는 이중 잣대 속에서 균형 있는 판단을 요구받고 있다.

참고문헌

패션비즈(2021). "무신사, 스타일쉐어·29CM 지분 100% 인수 완료".

6clicks(2024). Responsible AI: Best practices and real-world examples.

AIM Research(2024). How Nike is Using AI to Transform Product Design, Customer Experience, and Operational Efficiency.

DesMarteau, K.(2006). PLM at Nike: A Focus on Process.

Gallery, C. & Conlon, J. (2024). *Fashion Business and Digital Transformation: Technology and Innovation across the Fashion Industry (Mastering Fashion Management).* Routledge.

Hypebeast(2016). Google & Zalando's Experimental Project Muze Does Fashion Design via Code.

Li, R. et al.(2024). Digital transformation of supply chain management in the fast fashion industry: A case study of Zara. *SHS Web of Conferences*, 181, 04019.

Lutzker & Lutzker(2021). AI and Copyright in the Fashion Industry.

MIT Technology Review(2017). Amazon Has Developed an AI Fashion Designer.

Pandey, A. & Manna, A.(2025). Optimizing Inventory Management Using Machine Learning A Case Study in the Retail Sector. *International Journal of Advanced Research, 19*(2).

Plug and Play(2025). How Brands Use Gen-AI in Fashion to Design Their Collections.

Sophos News(2022). Fashion brand SHEIN fined $1.9m for lying about data breach.

The Economist(2018). I tried on a Zozosuit and now I feel used.

The Wall Street Journal(2025). LVMH Bets on AI to Navigate Luxury Goods Slowdown.

Vogue Business(2021). Inside Gucci and Roblox's new virtual world.

02
생성형 AI와 디자인의 자동화

생성형 AI는 텍스트 기반 이미지 생성과 자동화된 디자인 프로세스를 통해 패션 산업의 창작 방식을 근본적으로 변화시키고 있다. 이는 창의성과 효율성을 동시에 혁신하지만, 저작권 침해와 윤리적 논란이라는 새로운 과제도 함께 안겨 주고 있다.

AI와 MBTI?

생성형 AI란 무엇인가

생성형 AI(Generative AI)는 사용자의 입력값(텍스트, 이미지, 음성, 키워드 등)을 바탕으로 새로운 콘텐츠를 자동 생성하는 기술이다. 이는 기존 데이터를 학습하여 패턴을 이해하고, 이를 바탕으로 독창적인 결과물을 만들어 낸다. 패션 산업에서 이러한 기술은 단순한 시각화 도구를 넘어 디자이너의 반복적 실험을 돕는 창의적 파트너 역할을 하고 있다.

대표적인 생성형 AI 도구로는 오픈 AI(OpenAI)의 달리(DALL · E, 2021), 미드저니(Midjourney, 2022), 스태빌리티 AI(Stability AI)의 스테이블 디퓨전(Stable Diffusion, 2022), 어도비(Adobe)의 파이어플라이(Firefly, 2023)가 있다. 이 외에도 런웨이 ML(Runway ML), 레오나르도 AI(Leonardo AI)와 같은 특화된 플랫폼은 텍스트 프롬프트를 기반으로 섬세한 패션 이미지, 스타일 시안, 배경 설정 등을 구현할 수 있으며, 최근에는 3D 및 증강 현실(AR) 콘텐츠 제작이 가능한 플랫폼도 빠르게 대중화되고 있다.

특히 달리와 미드저니는 현실과 환상을 넘나드는 시각적 구현 능력으로 디자이너의 창의력 실험 공간을 확장해 주고 있다. 파이어플라이는 어도비의 기존 툴과 통합되어 있어 실무 환경에서 연계성이 높고, 사용자의 그래픽 작업 흐름을 대폭 개선해 준다.

이러한 기술은 시각적 요소가 핵심인 패션 디자인 영역에서 특히 강력한 영향력을 발휘한다. 패션은 반복적인 실험, 다양한 변형, 감성적 시각화가 필수적인 분야이기에, 생성형 AI는 디자이너의 아이디어 시각화 속도를 획기적으로 단축하고, 다양한 아이디어를 저비용으로 탐색할 수 있는 도구로 자리 잡고 있다. 특히 초기 디자인 기획 단계에서 수작업 드로잉이나 무드보드 구성을 대체하면서, 인간의 창의성과 AI의 연산 능력이 협업하는 구조가 빠르게 정착되고 있다.

패션 디자인에서의 실제 적용 사례

생성형 AI의 실제 활용은 스타트업에서부터 글로벌 브랜드에 이르기까지 폭넓게 나타나고 있다. 2022년, 뉴욕 기반의 패션 스타트업 칼라(Cala)는 텍스트로 디자인을 설명하면 AI가 이를 시각화하고, 자동으로 샘플 제작 및 공급망 연결까지 지원하는 플랫폼을 공개했다. 디자이너는 단순한 언어적 설명만으로도 다수의 스타일 제안을 받을 수 있으며, AI는 그중에서 구현할 수 있는 디자인을 선정해 패브릭 제안, 생산 일정 연결, 공급사 매칭

까지 자동화한다. 이는 패션 스타트업, 프리랜서 디자이너, 비전공 창업자들에게 진입 장벽을 낮춰 주는 혁신적 도구로 평가받고 있다.

한편, 온라인 개인 스타일링 기업 스티치 픽스(Stitch Fix)는 패션계의 넷플릭스(Netflex)로 불리며, 2018년부터 고객의 프로필, 피드백, 구매 이력, 성향 분석 데이터를 기반으로 AI 알고리즘을 통해 추천 코디를 제공하고 있다. 고객은 AI가 생성한 복장 이미지와 스타일링 해설을 확인한 후 실제 상품을 받으며, 마음에 들지 않는 아이템은 반품할 수 있다. 이러한 서비스는 단순 추천을 넘어 가상 피팅 경험과 감성 기반 쇼핑을 실현하고 있다.

2023년에는 어도비가 파이어플라이를 통해 디자인 생성의 범위를 확장했다. 텍스처, 패턴, 조명, 비주얼 톤 등을 조절할 수 있는 인터페이스를 제공함으로써, 단순 이미지 생성에 머무르지 않고 전문 디자이너들의 작업 흐름과 결합할 수 있게 되었다. 파이어플라이는 특히 어도비 일러스트레이터(Adobe Illustrator), 포토숍(Photoshop) 등 기존 툴과 통합되어, 디자인 교육을 받은 전문가뿐만 아니라 마케터, 콘텐츠 크리에이터, 상품 기획자들도 패션 제품의 초기 콘셉트를 빠르게 구현할 수 있도록 지원한다.

변화된 디자인 프로세스

기존의 패션 디자인 프로세스는 대부분 수작업 기반으로, 시간과 비용이 많이 소요되는 구조였다. 아이디어 발상부터 드로잉, 소재 탐색, 시제품 제작, 샘플 수정, 최종 생산까지 반복적인 수작업과 피드백을 거쳐야 했다. 그러나 생성형 AI는 이러한 구조를 '텍스트-이미지-3D 렌더링-프로토타입'이라는 자동화된 순환 구조로 바꾸고 있다. 이제 디자이너는 간단한 텍스트 입력만으로 수십에서 수백 개의 디자인 시안을 단시간에 확보할 수 있다. 이를 2D 이미지로 확인한 후, 3D 시뮬레이션 툴을 활용해 가상 피팅 및 제품 형태를 검토하고, AR 기반 쇼룸에서 고객 피드백까지 수집할 수 있다.

예를 들어, 네덜란드의 데님 브랜드 지-스타 로(G-Star RAW)는 2023년 S/S 컬렉션에서 미드저니로 생성한 이미지 중 일부를 실제 제품으로 제작했다. 이 과정에서 2D 이미지가 3D 시뮬레이션으로 전환되고, 해당 시제품은 AR 쇼룸에서 고객 피드백을 받은 후 최종 상품의 제작으로 이어졌다. 이는 생성형 AI가 실제 매출로 연결되는 디자인 실험 도구로 작동할 수 있음을 보여 주는 대표적 사례다.

그뿐만 아니라, AI와 3D 소프트웨어의 결합은 디지

털 패션과 가상 현실 기반 쇼룸 구축에도 활용되고 있다. 디자이너들은 클로(CLO) 3D, 마블러스 디자이너(Marvelous Designer)와 같은 툴과 생성형 AI를 병행하여, 샘플 제작 비용과 시간을 대폭 절감하였고, 디지털 환경에서 고객 및 내부 팀의 피드백을 실시간으로 반영할 수 있는 유연한 설계 구조를 적극 활용하고 있다.

창작 윤리와 저작권 문제

이처럼 생성형 AI는 창작 방식의 패러다임을 바꾸고 있으나, 동시에 저작권 침해와 표절이라는 윤리적 문제를 낳고 있다. AI는 대규모 이미지 학습을 통해 새로운 결과물을 생성하기 때문에, 본래의 학습 이미지에 대한 저작권이 존중되지 않는 경우가 빈번하다.

2022년에는 자라와 유사한 중견 브랜드가 미드저니를 활용해 경쟁 브랜드와 흡사한 스타일의 제품 이미지를 생성한 사실이 알려지면서, 표절 논란과 윤리적 비판을 받았다. NFT 플랫폼에서도 유명 브랜드의 룩을 AI로 모방한 이미지가 유통되며 법적 분쟁의 가능성이 높아지고 있다. 이에 따라, 패션 산업 내에서는 AI 생성물에 대한 법적 기준 마련과 저작권 정책의 정비가 시급한 과제로 떠오르고 있다.

2021년, 아티스트 메이슨 로스차일드(Mason Rothchild)는 에르메스(Hermes)의 버킨백(Birkin Bag)을 모방한 NFT 시리즈 '메타버킨스(MetaBirkins)'를 출시했고, 이에 에르메스는 상표권 침해 소송을 제기했다. 2023년 미국 법원은 에르메스의 손을 들어 주며 디지털 아트도 상표법 보호 대상임을 인정했다. 이 사건은 유명 디자이너의 스타일을 모방한 AI 이미지가 NFT로 거래되는 현상과 관련해 패션 브랜드들이 법적 대응에 나서는 대표 사례로 주목받고 있다.

이미 NFT 마켓에서는 유명 디자이너의 룩을 모방한 AI 이미지가 판매되고 있고, 이에 대해 브랜드들은 강력한 대응을 시사하고 있다. 이에 따라 법적 기준 마련, 학습 데이터의 출처 표기, 생성물에 대한 윤리 가이드라인 설정 등이 시급하다. 이 문제는 단지 법률의 영역을 넘어 창의성의 본질에 대한 논쟁으로 확장되고 있으며, 향후 AI 기술과 디자인 산업 간의 균형점을 찾기 위한 국제적 논의가 활발하게 이루어질 것으로 예상된다.

유통과 연결되는 생성형 AI

최근에는 생성형 AI가 단순 디자인을 넘어 유통 전략과 직접 연결되고 있다. 가니(Ganni), 디젤(Diesel) 등의 브랜드는 생성형 AI와 디지털 샘플을 활용해 소비자 반응을 사전에 수집하고, 반응이 좋을 때만 실제 생산을 진행하는 전략을 채택함으로써, 재고 리스크를 줄이고 생산 과정의 낭비를 줄이는 지속 가능성 중심 모델로 주목받고 있다.

또한, 글로벌 럭셔리 패션 플랫폼인 파페치(FARFETCH)는 생성형 AI를 통해 상품 설명을 자동으로 생성하고 있으며, 그 결과 제품 등록 속도를 약 30% 단축하는 데 성공했다. 이를 통해 검색 최적화(SEO, Search Engine Optimization), 고객 이탈률 감소, 매출 증가 등의 긍정적 효과를 보고 있다.

이처럼 생성형 AI는 결과적으로 단순 창작 도구를 넘어, 패션 비즈니스의 생산-기획-유통 전반을 아우르는 핵심 기술로 부상하고 있으며, 향후 디지털 트윈, 가상 피팅 룸, AI 기반 반응형 마케팅으로도 진화할 전망이다.

참고문헌

박근수(2025). "창작 의상디자인 스케치 유형별 미드저니에서 생성된 패션 이미지 특징 연구". 《문화기술의 융합(JCCT)》, 11(2), 499~507쪽.

VISLA Magazine(2023). "AI가 디자인한 G-Star RAW의 가상 데님 꾸뛰르 컬렉션".

Adobe(2023). Bringing Generative AI into Creative Cloud with Adobe Firefly.
Fast Company(2023). This AI-for-fashion lets you launch and run a clothing line with just a prompt.
Medium(2025). Midjourney's New 'Describe' and 'Moodboard Blending' Features.
PYMNTS(2023). AI Fuels Farfetch's Return to Growth.
Retail Brew(2023). Can automation in fashion transform the design process?.
Reuters(2024). Tech companies face tough AI copyright questions in 2025.
Stitch Fix Tech Blog(2023). How We're Revolutionizing Personal Styling with Generative AI.
The Impression(2023). Hermes Wins Trademark Trial Over 'MetaBirkin' NFTs.
Vogue Business(2024). Can AI-powered demand forecasting fix fashion's inventory crisis?.
Vogue Business(2025). Why fashion should think carefully about using generative AI.
WWD(2023). G-Star Raw Releases AI-designed Denim Collection.

03
트렌드 예측과 AI

트렌드 예측은 더 이상 감각과 직관에만 의존하지 않는다. AI는 방대한 데이터를 분석해 변화의 징후를 포착하고, 디자이너는 이를 해석해 새로운 흐름을 창조한다. 감성과 수치가 만나는 지점에서 패션은 진화하고 있다.

AI와 난임 극복?

트렌드 예측, 감각에서 수치로

패션계는 오랫동안 파리, 밀라노, 뉴욕, 런던 등 주요 도시의 컬렉션 결과와 스트리트 트렌드, 유명인의 착장 스타일을 분석해 다음 시즌 유행을 예측해 왔다. 이 과정은 경험 많은 전문가들의 '감각'에 의존하는 방식이었다. 그러나 디지털 환경에서는 소셜 미디어, 구매 이력, 검색 트렌드 등의 정량 데이터가 풍부해지면서, AI 기반 예측이 가능해졌다. 세계 최대 규모의 트렌드 예측 전문 기업인 WGSN(Worth Global Style Network)은 2005년부터 빅 데이터 기반의 트렌드 분석 서비스를 시작했으며, 2020년부터는 AI 기반 리포트를 자동으로 생성하고 있다. 이는 시즌별 마케팅, 생산 계획, 유통 전략 수립에 핵심 지표로 활용되고 있다.

AI는 어떻게 트렌드를 예측하는가?

AI는 다양한 소스에서 수집된 대규모 데이터를 활용해, 인간이 감지하기 어려운 패턴을 찾아낸다. 구글 클라우드(Google Cloud)는 브랜드의 이커머스 판매 데이터, 기상 조건, 사용자 행동 로그를 통합 분석하여 향후 트렌드로 부상할 스타일, 색상, 패턴의 등장 가능성을 예측한다. 이 분석은 회귀 분석, 군집화, 순환 신경망(Recurrent

Neural Network, RNN) 등의 통계 및 딥 러닝 알고리즘을 사용한다. AI는 대규모 데이터를 수집하고, 클러스터링 및 회귀 분석 등의 통계 기법과 딥 러닝을 활용하여 패턴을 도출한다.

아이비엠(IBM)은 '인지 패션(Cognitive Fashion)' 프로젝트에서 인스타그램, 트위터 등 SNS에서 사용되는 해시태그와 이미지 데이터를 분석해 다음 시즌 트렌드를 예측하였고, 로레알(L'Oreal)과 협업해 2021년 뷰티 트렌드도 함께 분석했다. H&M은 유럽 전역의 포스(POS) 데이터를 실시간으로 수집해 지역별로 인기 상품을 파악하고, 해당 데이터를 기반으로 디자인 시안을 조정하는 'AI 피드백 루프(AI Feedback Loop)'를 구축했다.

또한, 알리바바(Alibaba)의 티몰(Tmall) 플랫폼은 소비자 행동 데이터를 분석해 입점 브랜드들에 '실시간 상품 인사이트'를 제공하고 있으며, 예측 트렌드는 디자이너와 생산자가 함께 활용할 수 있도록 API(Application Programming Interface, 응용 프로그램 프로그래밍 인터페이스) 형태로 공개된다.

영국의 스타트업 기업으로서 각종 리테일 데이터를 기반으로 설루션을 제공하는 에디티드(EDITED)는 온라인 및 오프라인 리테일 데이터를 통합 분석하여 '빠르게 팔리는 상품', '소비자 관심 증가 제품', '가격 민감도' 등을 정량화해 브랜드에 제공하고 있다. 이를 통해 브랜드는 실제 시장 반응을 기반으로 온타임(on-time) 기획을 세밀하게 조정할 수 있게 되었다. 이러한 예측 기술은 유통 전략에서도 정밀화되고 있다.

유니클로는 기상 데이터와 판매 데이터를 통합 분석하여 지역별 판매 타이밍을 조정하는 '기후 기반 재고 운영 모델'을 도입했다. 예를 들어 동일한 제품이라도 도쿄, 오사카, 삿포로에서의 판매 시기와 재고 배치가 달라지며, 이는 기후 변화에 따라 AI가 실시간으로 제안한 공급 전략에 따른 것이다.

아마존은 제품 리뷰, 구매 이력, 사용자 행동 데이터를 조합하여 '예측 추천 시스템(Predictive Recommendation System)'을 운용한다. 고객이 이전에 구매한 항목뿐 아니라, 리뷰에서 자주 언급한 키워드를 분석하여 고객의 잠재적 선호를 파악하고, 다음에 구매할 가능성이 높은 아이템을 제시한다.

과거에는 이러한 기술들의 사용에 투자나 규모의 제약이 있었다면, AI를 기반으로 한 기술의 대중화가 가져온 변화들도 있다. 앞에서 살펴본 사례와 같이 비교적 규모가 작은 중소 브랜드들의 경우, 쇼피파이(Shopify)의 '쇼피파이 매직(Shopify Magic)' 기능을 이용해 소비자 구매 행동 데이터를 분석하고, 고객 세분화, 타깃 마케팅, 시간대별 가격 최적화 등을 제공받을 수 있다. 또한 실시간 소비자 반응을 기반으로 광고 문구나 프로모션 타이밍을 자동 조정하여, 대규모 리소스를 들이지 않고도 효율적인 마케팅이 가능해졌다.

디자이너와 AI의 컬래버레이션

실제 패션 디자이너들과 AI의 협업 구조, 즉 이 둘 간의 컬래버레이션은 실제 산업 현장에서도 다양하게 실현되고 있다.

디오르(Dior)는 2019년 IBM과 협업하여 고객 리뷰와 SNS 데이터를 AI가 분석하고, 디자이너는 해당 데이터를 바탕으로 신제품 향수 기획에 참여했다. IBM은 고객들이 선호하는 향과 감성 키워드를 분석해 트렌드를 예측하고, 디자이너는 이를 반영해 제품 콘셉트를 완성했다.

또한, 네덜란드를 기반으로 활동하는 디자이너 이리스 반헤르펀(Iris van Herpen)은 2010년대 초반부터 3D 프린팅, 레이저 커팅 등 첨단 기술을 적극 도입해 자연과

과학에서 영감을 받은 패턴과 형태를 생성했다. 그녀는 AI와 디지털 기술이 만들어 낸 디자인 요소 중 일부를 선택해 수작업으로 보완하고 조합하며, 전통적인 수공예와 최신 기술이 공존하는 독창적인 오트 쿠튀르 컬렉션을 완성했다. 이러한 작업 방식은 데이터와 기술 기반의 창작이 점차 고유한 예술 영역에 깊숙이 스며들고 있음을 보여 준다.

한편, 네덜란드의 가상 패션 스타트업 기업인 더 패브리컨트(The Fabricant)는 생성형 AI가 제공한 수십 개의 가상 의상 시안을 디자이너 커뮤니티가 투표하고, 가장 반응이 좋은 디자인을 디지털 혹은 물리적 제품으로 제작한다. 이는 집단 창작 구조와 실시간 반응을 기반으로 한 디자인 모델이 결합된 혁신적인 방식이다.

이처럼 디자이너는 AI로부터 영감을 얻거나, AI의 추천을 바탕으로 의도적인 비틀기를 통해 차별화를 구현할 수 있다. AI가 제공한 '예측'은 참고 자료일 뿐이며, 디자이너는 여전히 창의적 주도권을 유지하고 있다.

한편, AI와의 협업은 '데이터 직관(data intuition)'이라는 새로운 창작 개념을 만들고 있다. 이는 데이터 기반의 방향성과 인간의 직관적 판단을 결합한 창작 방식으로, 기존에 예술적 영감을 중심으로 한 패션 디자인에서 진화된 방식이다.

AI는 반복적 패턴을 강화하는 경향이 있어 '안정적이지만 예측할 수 있는' 결과를 도출하는 데 특화됐지만, 디자이너는 실험적 조합, 예외적 선택을 통해 기존의 예측 가능한 흐름을 한순간에 바꾸는 선택을 하기도 한다. 이러한 이질적 요소의 결합이야말로, 트렌드 예측이 창작에 실제로 적용되는 이상적인 모델이라 할 수 있다.

AI는 비정형 데이터를 정형화하고, 디자이너는 그 데이터를 해석하여 의미를 부여한다. 데이터로 트렌드를 포착하고, 직관으로 그것을 반전시키는 협업 방식은 예측 가능성과 창의성 사이의 균형이라는 이상적 형태를 만들어 낼 수 있다. 이는 미래 패션 교육, 디자인 프로세스, 크리에이티브 팀 구성 방식에도 영향을 줄 수 있다.

실제로 최근 패션 교육 현장에서는 AI 기술과 디자인의 융합을 강조하는 새로운 커리큘럼이 도입되고 있다. 런던예술대학 센트럴세인트마틴(Central Saint Martins, CSM)은 'Creative Computing' 과정을 개설해 패션과 데이터 사이의 상호 작용을 탐구하고 있으며, FIT(Fashion Institute of Technology, New York)는 '패션 테크 랩(Fashion Tech Lab)'을 통해 웨어러블, AI 스타일링, 3D 시뮬레이션 등을 교육에 반영하고 있다.

이러한 변화는 디자이너가 AI를 도구로 삼아 창의성과 데이터 기반 예측 사이의 균형을 실현하는 방향으로 패션 교육의 패러다임을 전환하고 있음을 보여 준다.

참고문헌

Appnova(2024). How AI is Transforming the Fashion E-commerce Industry and Enhancing Customer Experience.

Bowles, O. & Wilson, R.(2024). Artificial Intelligence and Trend Forecasting in the Fashion Industry: Ethical and Anticipated Ethical Issues. *Proceedings of the International Conference on AI Research, 4*(1).

Campaign Asia(2025). Alibaba pledges 'aggressive' AI investment, reports fastest growth in a year.

Google Cloud(2025). Levi's seamless data strategy: How tailor-made AI keeps an icon from getting hemmed in.

INFOCEPTS(2025). Fashion Retail in the Age of AI: Redefining Design and Customer Experience with Data & Intelligence.

Meer(2025). Iris Van Herpen: Redefining haute couture with technology.

Premium Beauty News(2025). L'Oreal and IBM partner on AI model to formulate more sustainable cosmetics.

Shopify(2025). AI in Retail: Use Cases, Examples & Adoption.

SHOWstudio(2023). Revolutionary Digital Fashion House The Fabricant Bet on AI.

The Business of Fashion(2023). H&M Group's New AI Tool Lets Anyone Play Designer.

The Business of Fashion(2025). H&M's AI Models and the Future

of Fashion Marketing.
True Fit(2020). True Fit partners with Google Cloud to host and leverage the world's largest data set for fashion.
Woven Insights(2025). AI in Fashion 101: A Beginner's Guide to Data-Driven Retail.

04
맞춤형 패션과 추천 시스템

개인의 취향과 체형, 행동 데이터를 반영한 AI 추천 시스템은 패션 산업의 새로운 표준이 되고 있다. 경험은 더욱 정밀해졌지만, 그만큼 알고리즘의 투명성과 편향에 대한 윤리적 책임도 중요해지고 있다.

AI와 사주?

개인화된 소비, 왜 중요한가?

오늘날 소비자는 단순한 상품 구매자에 그치는 것이 아니라, '개인 맞춤형 경험'을 중요시하는 적극적 상품 구매자다. 이에 따라 패션 산업에서는 소비자의 취향, 체형, 구매 이력, 착장 스타일 등을 반영한 개별화된 상품 추천과 스타일 제안이 핵심 경쟁력으로 떠오르고 있다.

매킨지 보고서(McKinsey & Company, 2022)에 따르면, 개인화된 제품 경험은 고객 충성도를 2배 이상 증가시키는 것으로 나타났다. 최근의 소비자들은 자신의 니즈와 취향을 브랜드가 예측하는 것을 기본 기대치로 삼고 있으며, 이에 부응하는 AI 기반 추천 시스템은 매출 전환율을 최대 30%까지 끌어올리는 동시에 고객 이탈률을 낮춰 장기적인 고객 가치를 높이는 데 크게 이바지한다. 이러한 기술은 브랜드가 소비자에게 적재적소의 맞춤형 경험을 제공함으로써 브랜드를 차별화하는 핵심 도구로 자리매김하고 있다. 이러한 흐름 속에서 추천 시스템은 AI 기술의 가장 활발한 응용 분야로 발전해 왔다.

개인화된 추천은 특히 MZ 세대(18~34세)를 중심으로 '취향 소비' 트렌드와 맞물려 빠르게 성장하고 있다. 2023년 피더블유시(PwC)의 《글로벌 소비자 통찰 단기 동향 조사(Global Consumer Insights Pulse Survey)》에 따르면, 이 연령대 소비자의 78%가 "자신의 취향을 잘 이해하는 브랜드에서 반복 구매할 의향이 있다"라고 응답했다. 더불어, 소비자들은 맞춤형 스타일 제안이 선택의 피로도(decision fatigue)를 줄여 쇼핑 경험을 더욱 쉽고 즐겁게 만든다고 평가했다. 이러한 개인화는 브랜드와 소비자 간의 깊은 유대감과 충성도를 형성하는 중요한 역할을 한다. 이와 같이 AI와 데이터 기반의 추천 시스템을 효과적으로 활용하는 브랜드는 고객 참여도를 높이고 장기적인 고객 유지에도 긍정적인 영향을 미칠 수 있게 된다. 이에 따라 패션 산업에 있어 개인화는 더 이상 선택이 아닌 기본값이 되었다.

추천 시스템의 작동 원리

추천 시스템은 일반적으로 다음과 같은 세 가지 방식으로 구동된다.

1) 콘텐츠 기반(Content-based): 사용자의 과거 행동과 선호도를 분석하여 유사한 상품을 추천하는 방식
2) 협업 필터링(Collaborative filtering): 유사한 취향을 가진 다른 사용자의 선택을 바탕으로 추천하는 방식
3) 하이브리드 방식(Hybrid model): 위 두 가지를 결합하는

방식

예를 들어, AI는 사용자의 키, 체형, 과거 구매 아이템, 찜 목록, 반품 패턴 등을 분석하여 스타일과 사이즈를 예측하고, 개별화된 제품을 제시한다.

미국의 스티치 픽스(Stitch Fix)는 AI 알고리즘과 스타일리스트의 협업을 통해 고객 맞춤형 의류를 큐레이션하는 혁신적인 서비스를 제공한다. 고객의 취향, 체형, 구매 이력 등 다양한 데이터를 분석하며, 특히 자연어 처리 기술(Natural Language Processing, NLP)을 활용해 고객 피드백을 세밀하게 해석한다. 이를 통해 단순한 정량 분석을 넘어, 고객 개개인의 미묘한 요구와 취향까지 반영하여 추천의 정확도를 높이고, 개인 맞춤형 상품 기획에 적극 활용한다. 이러한 고도화된 기술과 인간 감각의 결합으로 스티치 픽스는 높은 고객 만족도와 재구매율을 달성하며 패션 유통 분야에서 주목받는 사례로 자리매김하고 있다.

국내에서는 무신사가 2021년부터 AI 기술을 활용한 '무신사 AI 큐레이션' 서비스를 도입해, 고객의 취향과 구매 이력을 분석하여 맞춤형 상품 추천을 제공하고 있다. 고객의 클릭률, 브랜드 선호도, 색상, 가격 민감도 등의 다양한 행동 데이터를 바탕으로 추천 알고리즘을 지속적으로 개선하며, 개인화된 쇼핑 경험을 강화하는 데 주력하고 있다.

독일의 신발, 패션 및 뷰티의 온라인 소매업체인 잘란도(Zalando)는 AI과 빅 데이터를 적극 활용해 개인 맞춤형 스타일 추천과 디지털 피팅 기술을 제공하고 있다. 잘란도는 고객의 구매 이력, 선호도뿐만 아니라 날씨나 지역 특성 같은 외부 환경 요소까지 고려해 옷차림을 제안하는 등, 매우 세밀한 개인화 서비스를 구현한다. 특히, 3D 가상 피팅 룸과 증강 현실(AR) 기술을 도입해 고객이 집에서도 직접 옷을 입어 보는 것과 같은 경험을 할 수 있도록 지원한다. 2022년 잘란도는 AI 추천 시스템을 통해 사용자 참여도가 약 25% 증가했고, 개인화된 경험을 제공하는 브랜드가 고객 충성도와 재구매율 향상에 유의미한 효과를 거두고 있다는 점을 보고했다. 이러한 혁신적인 디지털 전환 노력 덕분에 잘란도는 유럽 패션 유통 시장에서 기술 선도 기업으로 자리매김하고 있다.

사이즈 추천과 AI의 결합

패션의 대표적 구매 장벽 중 하나는 '사이즈 문제'다. AI가 신체 데이터를 기반으로 사이즈를 정교하게 추천할 수 있다면, 디지털 고객 경험을 향상하고 브랜드에 대한 선호도를 향상할 수 있다.

나이키는 2019년 '나이키 핏(Nike Fit)' 기능을 도입해 스마트폰 카메라로 발 크기를 측정하고 최적의 운동화 사이즈를 추천하는 서비스를 제공하고 있다. 이 기능은 고객이 더욱 정확한 사이즈를 선택할 수 있도록 지원하며, 고객 만족도 향상과 구매 경험 개선에 긍정적인 평가를 받고 있다. 나이키 핏은 미국을 비롯한 여러 시장에서 활발히 활용되며 디지털 피팅 설루션 분야의 선도적인 사례로 자리 잡았다.

이러한 디지털 맞춤화 전략은 오프라인 매장에서도 구현되고 있다. 대표적으로 상하이에 있는 '나이키 하우스 오브 이노베이션 001(Nike House of Innovation 001)'은 개인 맞춤 서비스를 중심에 둔 체험형 플래그십 스토어로, 소비자는 매장 내 '나이키 바이 유(Nike By You)' 공간에서 자신의 스타일에 맞는 색상과 소재를 직접 선택하고, 전문가의 도움을 받아 실시간 커스터마이징을 진행할 수 있다. 이 매장은 디지털 기술과 고객 참여를 결합한 신개념 리테일 모델로 평가되며, 지역 한정 제품부터 개인화된 디자인 경험까지 제공함으로써 브랜드 충성도를 높이고 있다.

아마존의 맞춤형 의류 서비스 '메이드 포 유(Made for You)'에서는, 소비자가 키, 몸무게, 체형 스타일 사진 등을 입력하면, AI가 이를 바탕으로 3D 가상 아바타를 만들고, 원단, 색상, 사이즈, 이름 새김 등 옵션까지 포함된 맞춤형 티셔츠를 제작했다. 이 서비스는 몇 가지 선택지를 조합해 대량으로 개인 맞춤 의류를 생산하는 매스 커스터마이제이션(mass customization)의 대표적 사례로 평가받고 있으며, 아마존은 이를 통해 미국 내 AI 기반 맞춤 티셔츠 시장을 빠르게 확대해 나가고 있다.

한편, 오프라인 매장과 AI 추천 기술을 결합한 하이브리드 사례로는 2022년 아마존이 미국 로스앤젤레스에 오픈한 '아마존 스타일(Amazon Style)' 매장을 들 수 있다. 이 매장은 온라인에서 축적한 고객 스타일 선호도와 사이즈 데이터를 기반으로, 오프라인 매장 내에서 개인 맞춤형 상품 추천을 제공하는 혁신적인 쇼핑 공간이다. 모바일 앱과 매장 내 디지털 키오스크가 유기적으로 연동되어 고객이 피팅 룸에서 직접 옷을 입어 보고 구매를 결정할 수 있도록 지원한다. 특히, 매장 내 의류 진열대에는 QR 코드가 부착되어 고객이 스마트폰으로 스캔하면 상세 정보와 고객 평점, 사이즈 옵션을 실시간으로 확인할 수 있다. AI 기반 머신 러닝 알고리즘은 고객의 스타일과 예산, 선호도 데이터를 분석해 더욱 정교한 추천을 제공하며, 스마트 피팅 룸에서는 터치스크린을 통해 추가 사이즈나 스타일 요청이 가능하다. 또한, 아마존의 첨단 물류 시스템이 신속하게 상품을 피팅 룸으로 전달해 쇼핑의 효율성을 높인다. 이처럼 디지털 기술이 접목된 오프라인 매장의 성과는, 앞으로 패션 산업이 디지털 전환을 통해 소비자 경험을 얼마나 더 풍부하게 만들 수 있을지 살펴보는 중요한 기준이 될 것이다.

현재 아마존은 2023년부터 비슷한 콘셉트의 매장을 뉴욕과 시애틀에 확장하였으나, 운영 효율성과 수익성 문제로 일부 매장은 통합되거나 실험 종료되기도 했다. 이는 'AI 기반 오프라인 추천 시스템'이 아직 초기 단계임을 보여 주는 한편, 향후 기술 안정화와 인프라 고도화가 반드시 필요하다는 것을 보여 주고 있다. 이처럼 AI 추천은 온라인에 국한되지 않고, 오프라인 공간에서도 유기적으로 작동함으로써 '데이터 기반 온오프라인 통합 소비 경험'으로 진화하고 있다.

알고리즘 윤리와 필터 버블 문제

추천 시스템이 개인화되면서 사용자의 선택지가 지나치게 좁아지는 '필터 버블(Filter Bubble)' 문제가 발생할 수 있다. 또한, 알고리즘 편향이나 추천의 불투명성도 논란이 되고 있다. 특히 성별, 인종, 연령에 따른 편향이 없도록 학습 데이터를 다양하게 구성할 필요가 있다.

이와 관련해 메타(Meta, 구 Facebook)는 2022년부터 AI 추천 시스템의 투명성과 책임성을 강화하기 위해, 추천 콘텐츠가 어떻게 생성되었는지 설명해 주는 '시스템 카드(System Cards)' 기능을 도입했다. 이 기능은 사용자들이 왜 해당 콘텐츠가 추천되었는지, 어떤 신호(signal)가 반영되었는지를 알려 주며, 'Why Am I Seeing This' 툴과 함께 AI의 작동 방식을 직관적으로 이해할 수 있도록 돕는다.

유럽연합(EU)의 '디지털 서비스법(Digital Services Act, 2022)'에서는 플랫폼 추천 알고리즘에 대해 '설명 가능성(explainability)'과 '이용자 통제권 보장(user control or user empowerment)' 조항을 의무화했다. 이 법은 유튜브나 인스타그램 같은 온라인 플랫폼들이 어떤 기준으로 콘텐츠를 추천하는지, 그 작동 방식과 이유를 이용자에게 쉽게 설명하도록 의무화하고 있다. 또한 이용자에게는 추천 기준을 일부 직접 조정하거나, 개인 정보를 기반으로 하지 않는 추천 방식을 선택할 권리도 보장된다. 이는 추천 알고리즘이 단순히 기술적인 기능이 아니라, 이용자 권리와 연결된 사회적 책임의 문제임을 보여 주는 대표적인 사례다.

한편, 2023년 구글 딥마인드(Google DeepMind)의 연구에 따르면, 추천 시스템의 편향은 단지 초기 데이터의 불균형 때문만이 아니라, 사용자 행동이 반복적으로 알고리즘에 반영되면서 생기는 '피드백 루프(Feedback Loop)' 현상에 의해서도 강화될 수 있다고 지적한다. 이는 사용자가 클릭하거나 소비한 콘텐츠가 알고리즘에 다시 입력되어, 유사한 콘텐츠가 계속 추천되는 구조를 말한다. 결과적으로 편향된 정보만 반복적으로 노출될 위험이 커지는 것이다.

참고문헌

무신사 newsroom(2024). "무신사, 앱 새 단장 후 고객 경험 개선 '쑥'… "추천 고도화로 구매 전환율 3배 증가"".

무신사 테크블로그(2024). "AI와 함께하는 패션 큐레이션 – 무신사 2.0 시나리오 기반 추천 시스템 개발".

무신사 테크블로그(2025). "무신사 X GitHub Copilot은 정말로 우리의 생산성을 높였을까?".

Amazon(2022). Amazon reimagines in-store shopping with Amazon Style.

Choi, W. et al.(2023). Developing an AI-based automated fashion design system: reflecting the work process of fashion designers. *Fashion and Textiles, 10*(1), 39.

DSA Observatory(2024). The Regulation of Recommender Systems Under the DSA: A Transition from Default to Multiple and Dynamic Controls?.

Europawire(2025). Zalando's Use of AI and Digital Twins Enhances Speed and Flexibility in Fashion Content Creation.

European Commission(2022). Digital Services Act.

Forbes(2018). Success Of Shanghai Innovation House Reveals How Nike's Safeguarding Its Brand Supremacy.

Google DeepMind(2019). Advanced machine learning helps Play Store users discover personalised apps.

McKinsey & Company(2022). The State of Fashion.

Nike Inc.(2023). FY22 NIKE, Inc. Impact Report.

PwC(2023). Global Consumer Insights Pulse Survey.

Rajput, S. et al.(2023). Recommender systems with generative retrieval. *Advances in Neural Information Processing Systems, 36*, pp.10299~10315.

Retail System(2025). Zalando embraces AI for faster fashion content production.

Scandinavian mind(2024). Zalando introduces AI tools to enhance online fashion retail.

Schwemer, S. F.(2022). Recommender Systems in the EU: from Responsibility to Regulation. *Morals & Machines, 1*(2), pp.60~69.

Stitch Fix Newsroom(2023). How We're Revolutionizing Personal Styling with Generative AI.

Stitch Fix Tech Blog(2023). A New Era of Creativity: Expert-in-the-loop Generative AI at Stitch Fix.

TechCrunch(2020). Amazon Fashion launches a custom clothing service, Made for You.

Wired(2019). Nike Wants Your Sneakers to Fit Better, So It's Using AR.
Zalando SE(2023). Annual Report 2022.

05
스마트 생산과 공정 자동화

AI와 자동화 기술은 패션 생산의 효율성과 지속 가능성을 동시에 이끌고 있다. 스마트 공장과 수요 예측 시스템은 과잉 생산을 줄이고, 디지털 시뮬레이션은 비용과 시간을 절감하며 새로운 제조 패러다임을 만들어 가고 있다.

AI와 아이돌?

디지털 생산 시대의 도래

패션 산업의 생산 공정은 오랜 기간 인건비에 의존해 왔으며, 아웃소싱과 글로벌 공급망에 기반한 저비용 구조로 운영됐다. 하지만 노동력 부족, 공급망 리스크, ESG(Environmental, Social, Governance 환경, 사회, 지배구조) 요구의 강화로 인해 디지털 자동화에 대한 수요가 높아지고 있다. AI 기반 자동화는 생산 계획 수립, 원단 절단, 봉제 공정, 품질 검사까지 다양한 단계에서 적용되고 있으며, 이에 따라 생산 속도와 정확성이 향상되고 있다.

특히 2020년 이후 팬데믹 상황은 글로벌 공급망 의존에 따른 한계를 부각했고, 이를 계기로 자국 내 디지털 생산 체계 구축이 주요 패션 기업의 전략 과제로 부상했다. 이와 함께 ESG 평가 기준이 브랜드 가치에 미치는 영향이 커지면서, '스마트 자동화'는 단순한 비용 절감이 아닌 지속 가능성 확보의 수단으로 인식되고 있다.

또한 AI는 단지 기계 제어 수준을 넘어, 생산 계획 단계에서의 의사 결정 보조(Decision Support System) 기능을 수행하고 있다. 예컨대 패션 AI 설루션 기업인 렉트라(Lectra)는 공장 생산 캘린더 최적화, 납기 예측, 생산 흐름 병목 감지 등까지 수행하는 통합형 플랫폼을 공급하고 있다.

스마트 공장과 로봇 봉제 기술

스마트 공장은 사물 인터넷(IoT), AI, 클라우드 시스템이 통합된 형태로, 실시간 데이터 기반 운영을 통해 생산 최적화를 구현한다. 대표적으로 아디다스(Adidas)는 2017년 독일 안스바흐와 미국 애틀랜타에 '스피드팩토리(Speedfactory)'를 설립해 로봇 봉제와 3D 프린팅을 통해 제품 생산 시간을 단 2주로 단축한 바 있다. 2025년 이후로는 아디다스 전체 공장의 90%가 가동 중인 중국 등 아시아로 스피드팩토리를 이전할 계획이다.

또한, 미국의 소보(Sewbo)사는 2015년부터 로봇 봉제 기술을 개발해 자동화된 의류 봉제 라인을 시험 중이며, 중국의 티안위안 가먼츠(Tianyuan Garments)는 2018년부터 AI 기반 티셔츠 생산 로봇을 도입해 연간 수백만 장의 자동화 생산을 실현하고 있다.

소보사는 기존 의류 공정에서 로봇이 유연한 천을 다루기 어렵다는 문제를 경화 처리된 섬유를 물리적으로 재가공하는 방식으로 해결하고 있다. 폴리비닐알코올(polyvinyl alcohol, PVA)을 활용해 섬유를 일시적으로 단단하게 처리한 뒤, 이를 산업용 재봉 장비와 로봇이 정밀하게 봉제하고, 이후 세척 과정을 거쳐 유연한 형태로 복원하는 구조다. 2016년에는 티셔츠 시제품 제작에 성공했으며, 현재는 티셔츠 중심의 적용 가능성을 넓혀 가고 있다.

중국의 티안위안은 2018년, 미국 아칸소주에 자동화 봉제 공장을 설립하며 본격적인 로봇 생산 시스템을 도입했다. 이 공장에는 소프트웨어 오토메이션(SoftWear Automation)이 개발한 '소봇(Sewbot)'이라는 로봇이 투입되었고, 이 로봇은 티셔츠 한 장을 약 22초 만에 완성할 수 있는 속도를 기록했다. 로봇은 천의 위치나 주름을 스스로 인식하고 조절할 수 있어, 품질은 물론 생산 속도까지 크게 향상되었다. 이런 시도는 전통적으로 사람 손에 의존해 왔던 봉제 작업을 자동화할 수 있다는 가능성을 보여 주었고, 일본의 주키(Juki) 같은 기업들도 유사한 기술 개발에 뛰어들고 있다.

국내에서는 AI와 사물 인터넷(IoT) 기술을 접목하여 의류 디자이너와 생산 공장을 연결해 주는 온라인 패션 B2B 플랫폼 '파이(FAAI, FAshion+AI)'를 출시한 컨트롤클로더가 데이터 기반의 의류 생산 스마트 센터 '오븐(OVNN, Open Virtual Neural Network)'을 운영하며, 이를 통해 스마트 제조 시스템을 구현하고 있다. 이 센터에서는 자동 재단기와 봉제 설비를 통해 생산 공정을 표준화하고, 디자인 의뢰부터 완제품 제작까지 전 과정을 실시간 데이터로 관리하고 있다. AI를 활용한 수요 예측과 품질 제어 시스템은 원단 낭비를 줄이고 생산 효율을 높이는 데 기여하고 있으며, 이는 친환경성과 기술 혁신을 동시에 추구하는 모델로 주목받고 있다.

특히 중소벤처기업부가 2023년부터 추진하고 있는 '스마트 공장 보급 확산 사업'을 통해 중소 의류 제조업체들도 자동화 설비와 공정 데이터 시스템을 도입할 수 있도록 지원받고 있으며, 이에 따라 기존의 수작업 위주 생산 방식에서 디지털로의 전환이 본격화하고 있다.

AI 기반 수요 예측과 재고 최소화

AI를 기반으로 한 수요 예측과 재고 최소화는 그 특성상 대부분의 SPA 패션 브랜드에서 적극적으로 도입되고 있다. 대표적으로 유니클로는 2018년부터 일본 본사 AI 팀과 협력해 날씨, 지역 행사, 판매 흐름 등 다양한 데이터를 종합 분석해 제품 생산과 물류를 자동으로 조율하고 있다. 이 시스템은 과거 판매 기록, 실시간 매장별 재고 현황, 그리고 외부 환경 요인까지 반영해 AI가 가장 효율적인 재고 배치를 결정한다. 이를 통해 매장별 재고 과잉과 품절 문제를 줄이고, 전체 공급망 효율을 높이고 있다.

자라는 무선 주파수 인식(Radio Frequency Identification, RFID) 태그와 포스 데이터를 연동하여 매장 판매 반응을 본사에 실시간으로 전달하고, 반응이 좋은 디자인은 생산을 증대하는 한편, 판매 반응이 저조한 아이템은 즉시 생산을 중단하는 시스템을 운영하고 있다. 이를 통해 제품 기획에서 매장 진열까지의 시간을 3주 이내로 단축했다. 자라는 최근 이러한 데이터 기반 프로세스를 확장하여, 유럽 내 주요 도심 물류 거점에 소규모 스마트 생산 허브를 운영하고 있으며, 일부 제품군에 한해 매장 반응을 반영한 후 10일 이내에 생산과 공급이 이루어지는 시스템을 시범 운영 중이다.

한편, 유통 기업인 월마트(Walmart)는 구글 클라우드 기반 예측 엔진을 활용해 지역별 판매 패턴, 날씨, 프로모션 반응 등을 분석하여 의류 상품의 재고를 자동 조정하고 있으며, 이를 통해 재고 관리의 효율성을 높이고 폐기율 감소에 기여하고 있는 것으로 알려졌다.

과잉 생산은 패션 산업에서 큰 문제 중 하나다. AI는 판매 데이터, 시즌별 트렌드, 기상 정보 등을 분석해 수요를 정교하게 예측하고, 그에 따라 생산량을 조절할 수 있게 해 준다. 예를 들어, H&M은 AI 기반 수요 예측 시스템을 통해 특정 지역에서 판매 속도를 실시간으로 분석하고, 매장 간 재고 이동과 생산 타이밍을 자동으로 조정하고 있다. 이러한 시스템은 재고 감소와 폐기물 절감에 이바지하며, 지속 가능한 패션을 위한 중요한 기반으로 평가받고 있다. H&M은 또한 친환경 전략의 목적으로 데이터 분석과 기술을 활용한 다양한 프로젝트를 진행 중이며, 앞으로 AI와 환경 영향을 연계하는 시스템 도입 가능성도 주목받고 있다.

이처럼 많은 SPA 패션 브랜드가 재고를 줄이고 생산 과정을 효율적으로 개선해 이익과 지속 가능성을 동시에 추구하고 있다. 그러나 여전히 대량으로 쌓이는 남는 옷들과, 입은 지 얼마 안 돼 버려지는 옷들이 많아 사회적 문제로 남아 있다. 이런 상황에서는 소비자뿐 아니라 브랜드와 사회 전반이 옷을 대하는 태도와 인식을 바꾸고, 실질적인 대책을 마련하려는 고민과 노력이 필요하다.

3D 시뮬레이션과 샘플링 자동화

AI와 3D 디자인 툴의 결합은 시제품 제작 단계를 디지털화하는 데 기여하고 있다. 클로 버추얼 패션(CLO Virtual

Fashion)이나 브라우즈웨어(Browzwear) 같은 3D 의류 시뮬레이션 소프트웨어는 실제 원단 특성과 움직임을 가상 공간에서 구현하며, 시각적 퀄리티가 실제와 유사하다.

나이키와 타미힐피거(TommyHilfiger), 캘빈클라인(CalvinKlein)을 보유한 PVH(Phillips-Van Heusen Corporation)는 3D 시뮬레이션 도구를 적극 활용하며 디지털 기반 디자인 과정을 도입하고 있다. 나이키는 이러한 가상 샘플 기술만으로도 물리 샘플 제작 비용을 50%가량 절감하며 개발 속도도 단축했다. 또한 타미힐피거는 2019년부터 전체 컬렉션의 약 80%를 3D로 설계하고, 물리 샘플 제작에 드는 시간과 비용을 현저히 줄이며 제작 프로세스를 디지털화하고 있다. 이러한 혁신은 샘플 제작 부담 없이 디자인 검토와 피팅 과정을 완결하는 동시에 비용 절감에도 실질적인 영향을 미치고 있다.

클로(CLO)는 2023년부터 AI를 활용한 자동 패턴 생성 기능을 베타 서비스로 제공하고 있으며, 이는 디자이너가 아이디어만 입력하면 자동으로 패턴과 사이즈별 그레이딩까지 제안하는 구조로 발전 중이다. 또한, 브라우즈웨어(Browzwear)는 어도비 일러스트레이터(Adobe Illustrator)와의 통합 기능을 강화하여 패션 디자이너가 평면 그래픽에서 3D 의류까지 매끄럽게 작업할 수 있는 인터페이스를 제공하고 있다. 이러한 기술은 디자인부터 생산까지 이어지는 '디지털 프로덕션 파이프라인' 구축에 중요한 기반이 되고 있다.

AI와 로봇 기술이 빠르게 발전하고 있지만, 완전 자동화에는 여전히 많은 과제가 남아 있다. 유연한 천 소재를 다루는 로봇 기술의 정밀도, 디자인 변경에 따른 재세팅 시간, 노동자의 기술 전환 및 재교육 문제 등이 지속적으로 제기되고 있다. 또한, AI 자동화는 중소 브랜드나 개발 도상국 생산 시설에는 진입 장벽이 높을 수 있어, 산업 내 불균형 심화 문제도 함께 고려해야 한다.

참고문헌

중소벤처기업부(2023). "중소벤처기업부, 2023년 스마트 제조 혁신 위해 1,462억원 지원".

패션 비즈(2018). "FAAI, 데이터 기반 의류 생산 스마트센터 '오븐' 설립".

AI for Sustainable Development Goals Think Tank(2018). AI helps H&M to build more sustainable supply chain.

Analytics Insight(2024). Google Cloud and Walmart Enhance Retail Experience with Generative AI Tools.

Bertola, P. & Teunissen, J.(2018). Fashion 4.0. Innovating fashion industry through digital transformation. *Research journal of textile and apparel, 22*(4), pp.352~369.

Fast Company(2017). Is this sewing robot the future of fashion?.
Fast Retailing(2025). Integrated Report 2024.
Forbes(2018). How Fashion Retailer H&M Is Betting On Artificial Intelligence And Big Data To Regain Profitability.
H&M Group(2021). Annual Report 2020.
Just Style(2019). Tian Yuan Garments invests another $10m in US facility.
Lectra.com. We are at the forefront of Industry 4.0.
Retail News.ai(2024). UNIQLO's Digital Transformation Insights.
Robotics Tomorrow(2019). Sewbots Transforming The Textile Industry https://www.roboticstomorrow.com/story/2019/11/sewbots-transforming-the-textile-industry/14380/
Sourcing Journal(2022). How Robotic Sewing Experiment Got Levi's Attention.
Supply Chain 360(2024). Zara's Supply Chain Mastery: An Analysis of Strategy and Execution.
Supply Chain Dive(2020). Learning from Adidas' Speedfactory blunder.
TEXINTEL(2024). Juki Brings A.I. Power To The Reshoring Fashion Sewing Factory.
Textile World Asia(2017). U.S. Textiles: Have No Fear, Automation Is Here.
The Business of Fashion(2017). The Sewbots Are Coming!.
The Business of Fashion(2020). At CLO Virtual Fashion, Digitising the Design Process to Drive Transformation.
The Manufacturer(2017). Sewbots to replace humans at new US garment factory.

Vogue(2021). Exclusive: Tommy Hilfiger parent opens 3D platform to outside brands.

06

VR·AR 기술과 디지털 소비자 경험

VR · AR 기술은 패션 소비 경험을 오프라인에서 온라인, 현실에서 가상으로 확장하며 브랜드와 고객 간의 상호 작용을 혁신하고 있다. 몰입형 체험은 구매 전환율을 높이고, 디지털 시대의 새로운 쇼핑 기준이 되고 있다.

AI와 야구?

디지털 체험의 진화: 왜 VR·AR인가?

VR(Virtual Reality, 가상 현실)과 AR(Augmented Reality, 증강 현실)은 소비자와 브랜드 사이의 인터랙션을 실시간으로 확장하며, 온라인 환경에서도 오프라인 매장과 유사한 체험을 가능하게 한다. 특히 코로나 팬데믹 이후 비대면 쇼핑이 확산하면서, 실재감을 보완하는 수단으로 VR · AR 기술이 주목받기 시작했다. 캡제미니 보고서(Capgemini, 2022)에 따르면, 소비자의 대다수가 VR · AR 기반 체험을 통해 제품을 고르고 구매하는 데 도움을 받았다고 응답했다. 구체적으로는 58%가 제품 선택이나 구매 과정에서 유용했다고 했으며, 69%는 이러한 경험이 온라인 구매 증가에 영향을 미칠 것으로 기대한다고 답했다. 이처럼 VR · AR 체험은 브랜드에 대한 몰입도를 높이고 실제 구매 행동에도 긍정적 영향을 주는 것으로 평가받고 있다.

기존의 디지털 커머스는 이미지 중심의 정적 경험에 머물렀지만, VR · AR은 사용자가 제품을 간접적으로 '체험'할 수 있는 공간적 상호 작용을 제공한다. 이는 단순한 시각적 정보 전달을 넘어 감각적 · 정서적 반응을 유도하며, 브랜드 인지도와 구매 결정 간의 심리적 거리를 줄여 준다.

실제로 2023년 딜로이트(Deloitte) 보고서에 따르면, Z세대와 밀레니얼 세대는 몰입형 경험(특히 VR · AR)을 통해 쇼핑하거나 콘텐츠를 소비할 때 상당한 관심과 흥미를 보인다. 특히, 이들 중 절반가량이 몰입형 플랫폼에서 더 많은 시간을 보내고 싶다고 답하였으며, VR · AR은 브랜드가 젊은 소비자와 소통하는 새로운 전략으로 주목받고 있다.

가상 피팅 룸과 AR 쇼핑 사례

AR 피팅 기술은 사용자의 신체 이미지나 영상 위에 의류를 시각적으로 입혀 보는 서비스로, 반품률 감소와 고객 만족도 향상에 기여하고 있다.

자라는 2018년 일부 오프라인 매장에 AR 디스플레이를 설치해, 고객이 스마트폰을 매장 디스플레이나 윈도에 비추면 모델이 착용한 옷을 실시간으로 360도 시연하는 경험을 제공했다. 또한 워비파커(WarbyParker)는 자사 앱에 AR 피팅 기능을 도입해, 사용자가 스마트폰으로 안경을 얼굴에 실제처럼 겹쳐 보고 다양한 각도에서 어울림을 확인할 수 있게 했다. 이 두 가지 사례는 AR이 쇼핑 경험을 풍부하게 하고, 고객의 구매 자신감을 높이는 효과적인 도구로 자리 잡았음을 보여 준다.

브리즘(breezm)은 3D 프린팅 기술과 AR 기반 피팅 시스템을 결합한 국내 안경 전문 브랜드로, 고객 얼굴 스캔 데이터를 기반으로 맞춤형 안경을 제작한다. 소비자는 앱이나 키오스크를 통해 얼굴 형태를 측정하고, 다양한 디자인을 가상으로 착용해 본 후 제품을 주문할 수 있다. 제작은 3D 프린터로 즉석에서 이루어지며, 이는 대량 생산 중심의 기존 안경 유통 구조를 개인화 기반의 주문 제작으로 전환하는 혁신 사례로 주목받고 있다.

이 외에도 이케아(IKEA)는 '이케아 플레이스(IKEA Place)' 앱을 통해 사용자가 스마트폰으로 집 안을 스캔하면, 해당 공간에 자사 가구를 실제 크기로 AR을 통해 배치해 볼 수 있는 기술을 제공하고 있다. 특히 3D 크기 추정 알고리즘을 활용해 약 98% 정확도로 가구의 크기와 배치를 제공하며, 조명과 그림자까지 사실적으로 표현되어 실제 공간에 가구가 놓인 듯한 체험이 가능하다. 이 사례는 AR 기술이 단순히 의류를 넘어 소비자의 라이프 스타일 전반, 특히 홈 인테리어 분야까지 확장되는 흐름을 잘 보여 준다.

국내에서는 '오늘의 집'이 이러한 흐름을 적극적으로 반영하고 있다. '오늘의 집'은 2022년부터 AR 기반 '가상 배치' 기능을 도입하여, 사용자가 스마트폰 카메라를 통해 자신의 실제 거실, 침실, 주방 등의 공간에 다양한 가구를 실시간으로 배치해 볼 수 있도록 지원한다. 소비자는 제품을 360도 회전하거나 크기를 조정하며 다양한 각도에서 확인할 수 있으며, 실제 공간에서 가구가 차지하는 부피나 색상 조화를 사전에 시뮬레이션할 수 있다. 이 기능은 단순한 시각화 도구를 넘어, 공간 활용도 분석, 제품 비교, 실시간 스타일링 등 구매 의사 결정 과정에 중요한 역할을 하며, 특히 모바일 커머스 중심의 국내 인테리어 시장에서 소비자의 체험 중심 소비 패턴을 효과적으로 반영하고 있다. 또한 '오늘의 집'은 AR 기술을 자사 커머스 플랫폼 내에 직접 통합함으로써, 탐색에서 구매까지의 전환 과정을 유기적으로 연결하고 있다.

기술 측면에서도 빠른 발전이 이뤄지고 있다. 2023년 스냅(Snap)은 새로운 'AR Enterprise Service(ARES)'를 통해 AR 가상 착장 엔진을 SaaS(Software as a Service, 서비스형 소프트웨어, 구독형 소프트웨어) 형태로 기업에 공급하고 있으며, 이를 통해 중소 브랜드들도 유연하게 AR 피팅 서비스를 도입할 수 있게 되었다.

국내에서도 이와 유사한 흐름이 나타나고 있다. 예를 들어, 풋웨어 사이즈 추천 설루션을 제공하는 스타트업 '펄핏(Perfitt)'은 2024년 딥픽셀(DeepPixel)과 협업하여

AR 기반 가상 착화 기능을 도입했다. 사용자는 스마트폰 카메라로 자신의 발을 인식하면, 실시간으로 다양한 신발의 핏과 스타일을 가상으로 확인할 수 있으며, 이 기능은 ABC마트, 컬럼비아, 네파 등 여러 브랜드 온라인 몰에 SaaS 방식으로 적용되었다. 또한 딥픽셀은 주얼리, 안경, 뷰티 제품군까지 확대 적용 가능한 'StyleAR' 설루션을 통해, 국내 중소 브랜드들의 AR 커머스 도입 장벽을 낮추는 데 기여하고 있다.

그러나 이러한 가상 피팅 시스템은 아직까지 기술적 정밀도와 사용자 몰입도의 한계로 인해, 고객 경험을 근본적으로 대체하기보다는 여전히 보조적 수단에 머무르고 있다는 지적도 있다.

메타버스와 브랜드의 확장 전략

구찌(Gucci)는 2021년 로블록스(Roblox)에 '구찌 가든(Gucci Garden)'을 열어 한정판 디지털 아이템을 판매했으며, 일부 아이템은 실제 상품보다 높은 가격에 재판매되었다. 이는 브랜드가 메타버스를 새로운 유통 채널로 활용할 수 있음을 보여 주는 대표적 사례다.

나이키는 2021년 메타버스 스튜디오 RTFKT를 인수해, 디지털 운동화와 아바타 기반 브랜드 자산을 개발 중이다. 이러한 메타버스 전략은 Z세대와 알파 세대와의 정서적 연결을 강화하고, 커뮤니티 기반 브랜드 충성도를 높이는 데 기여하고 있다. 또한, 디지털 웨어러블은 패션 커머스를 넘어 커뮤니티 정체성 표현의 수단이 되고 있다. 2024년 기준, RTFKT 디지털 운동화 보유자는 온오프라인을 아우르는 VIP 혜택을 제공받으며, NFT는 일종의 '프리미엄 멤버십 카드'로 활용되고 있다.

NFT는 패션 브랜드가 디지털 자산을 통해 고객과의 관계를 확장하는 수단으로 부상하고 있다. 국내 패션 디자이너 중 SJYP는 2022년 '하이퍼 스포츠 클럽(Hyper Sports Club)' 프로젝트를 통해 스포츠웨어 기반의 디지털 아이템을 NFT 형태로 발행하고, 자체 플랫폼에서 커뮤니티 멤버십을 운영했다.

한편, 아디다스는 베이시(BAYC, Bored Ape Yacht Club)와 협업하여 아바타 기반 디지털 의류와 실물 아이템을 연동한 한정판 NFT 시리즈를 출시했다. 국내의 메타콩즈(MetaKongz)는 드레스엑스(DressX)와 제휴해 3D 기반 디지털 의상을 NFT로 발행하고, 이를 아바타 착용 및 메타버스 패션쇼에 활용하는 실험을 진행 중이다.

발렌시아가(Balenciaga)는 포트나이트(Fortnite)와 협업해 게임 내 가상 의상을 정식 브랜드 제품으로 출시하며, 디지털 공간에서 '디지털 런웨이' 개념을 실현했다. 이는 게임 플랫폼을 패션 미디어 채널로 전환한 혁신적 사례로, 메타버스가 패션 마케팅의 프런티어로 기능하고 있음을 보여 준다.

메타버스와 블록체인 기술은 명품 브랜드의 브랜드 경험을 디지털 공간으로 확장하는 도구로 작동하고 있다. 이제 메타버스는 단순한 마케팅 채널이 아니라, 브랜드 세계관을 가상 공간에 구현하고 고객이 그 안에서 '참여자'로 활동하게 만드는 경험 중심 플랫폼으로 기능한다. 예컨대 구찌는 슈퍼플라스틱(Superplastic)과의 협업을 통해 디지털 아트와 실물 상품을 결합한 NFT를 구찌 볼트(Gucci Vault)에서 공개하며 브랜드의 미학을 메타버스로 확장했고, 루이비통(Louis Vuitton)은 자체 게임인 '루이 더 게임(Louis: The Game)'을 통해 브랜드 스토리를 NFT 수집 경험으로 전환하여 Z세대와의 소통을 강화했다.

이러한 변화는 소비자의 역할에도 변화를 불러오고 있다. 과거에는 제품을 '소비'하던 고객이 이제는 브랜드의 디지털 아이템을 '소유'하거나, NFT 커뮤니티의 일원으로 참여하고, 심지어 공동 창작자나 큐레이터로 기능하기도 한다. 프라다(Prada)와 아디다스(Adidas)가 진행한 공동 NFT 프로젝트에서는 사용자들이 자신의 사진을 제출하고, 그것이 NFT 아트로 재탄생하는 과정을 통해 창작 활동에 직접 참여하도록 유도했다.

또한, NFT는 단순한 디지털 이미지나 소유를 증명하는 데에서 더 나아가 패션 아이템, VIP 혜택, 커뮤니티 티켓을 포함한 다기능 디지털 자산으로 확장되고 있다. RTFKT의 디지털 스니커즈는 NFT 보유자에게 온오프라인 VIP 서비스와 한정판 실물 제품 교환권을 제공하며, 티파니앤코(Tiffany & Co.)는 크립토펑크(CryptoPunks) 보유자를 위한 맞춤형 실물 주얼리와 NFT의 세트를 판매해 디지털 자산과 명품 소비를 결합한 새로운 방식의 멤버십 모델을 제시했다.

이처럼 디지털 웨어러블과 NFT는 정체성의 표현 수단이자 브랜드 세계관에 대한 참여권으로 진화하고 있으며, 앞으로는 '디지털 정체성을 구축하고 확장할 기회를 제공하는 브랜드'가 진정한 경쟁력을 갖추게 될 것이다. NFT는 더 이상 기술적 실험이 아닌, 패션 마케팅의 전략적 자산으로 자리 잡고 있다.

AR 기반 온오프라인 연동 사례

앞서 살펴본 것과 같이, 아마존은 2022년 미국 로스앤젤레스에 아마존 스타일 매장을 열고, AI와 AR 기반의 스마트 피팅 룸 기술을 도입했다. 고객이 매장 내 디지털 키오스크 또는 모바일 앱을 통해 원하는 제품을 선택하면, 해당 제품이 자동으로 피팅 룸에 배정되며, 피팅 룸 내에서는 AI가 추천하는 유사 스타일 제품과 사이즈 옵션도 함께 제공된다. 이 시스템은 고객의 과거 검색 · 구매 이력을 반영해 맞춤형 상품을 제안하고, 피팅 룸 안에서도 상품 교환 요청이나 색상 변경이 태블릿으로 즉시 가능하도록 구성되었다.

AR은 매장과 온라인 쇼핑 경험을 연결하는 핵심 기술로 부상하고 있다. 세포라(Sephora)는 자사 앱에 '버추얼 아티스트(Virtual Artist)' 기능을 도입해, 고객이 립스틱이나 아이섀도 같은 화장품을 얼굴에 가상으로 적용해 볼 수 있도록 하고 있다. 이 기능은 출시 이후 수억 회에 달하는 사용 데이터를 축적했으며, AR 경험을 활용한 고객의 구매 전환율은 기존 대비 최대 90%까지 높아졌다는 분석도 있다. 오프라인 매장을 방문하지 않고도 색상을 비교하고, 보다 정확한 구매 결정을 내릴 수 있도록 돕는 셈이다.

VR · AR 기술은 아직까지 고화질 그래픽 구현이나 사용자의 움직임 인식, 착용자의 실시간 반응을 반영하는 데 기술적인 한계를 갖고 있다. 여기에 더해, 소비자들이 이러한 기술을 사용할 수 있는 디지털 기기를 얼마나 갖추고 있는지, 3D 데이터를 만들 때 들어가는 비용, 브랜드마다 기술을 활용하는 수준이 다른 점도 주요한 과제로 지적된다. 이런 제약을 넘어서기 위해, 아마존은 2022년부터 '버추얼 트라이-온 포 슈즈(Virtual Try-On for Shoes)' 기능을 도입해, 스마트폰 카메라로 사용자의 발을 비추면 다양한 신발을 가상으로 착용해 볼 수 있는 AR 서비스를 제공하고 있다. 이 기술은 나이키, 아디다스, 리복 등 주요 브랜드의 제품에 적용되며, 온라인 쇼핑 중 신발의 스타일과 핏을 미리 확인할 수 있게 도와준다. 또한, LVMH는 에픽 게임즈(Epic Games)와의 협업을 통해 디지털 트윈 기술과 VR 기술을 결합함으로써 가상 쇼룸에서 실시간 피드백을 받을 수 있는 새로운 쇼핑 환경을 실험하고 있다. 고객은 디지털 공간에서 제품을 둘러보고 착용해 보며, 매장 직원과 상호 작용을 하거나 피드백을 받을 수 있는 시스템을 체험할 수 있다. 이는 럭셔리 브랜드가 기술을 통해 소비자 경험을 새롭게 정의하려는 시도 중 하나다.

앞으로는 VR · AR 기술이 단순한 피팅을 넘어, 감각 피드백을 제공하는 햅틱(haptic) 기술이나 AI 기반 감정 분석과 결합해 더 정교한 '감각 중심 쇼핑'으로 발전할 것으로 전망된다. 예컨대 애플(Apple)은 향후 출시 예정인 비전 프로(Vision Pro) 플랫폼을 통해 촉각 반응과 얼굴 표정 인식을 연동한 감성 기반 쇼핑 기능을 개발 중이다.

참고문헌

패션비즈(2024). "펄핏, 딥픽셀과 협업해 'AR 가상착화 기능' 출시". https://fashionbiz.co.kr/article/209549

조선비즈(2022). "스타 디자이너 스티브제이·요니피, NFT 패션 시장 진출 – NFT 기반 패션 브랜드 '하이퍼 스포츠 클럽' 출시".

조선일보(2019). "이젠 매장 가지 않아도 AR·VR로 바지 사이즈 확인 OK".

패션 비즈(2023). "가상 피팅 솔루션 '스타일AR' 서비스 영역 확대".

패션 비즈(2024). "펄핏, 딥픽셀과 협업해 'AR 가상착화 기능' 출시".

Amazon(2022). Amazon makes shopping easier with Virtual Try-On for Shoes. https://www.aboutamazon.com/news/retail/amazon-makes-shopping-easier-with-virtual-try-on-for-shoes

Capgemini(2022). Total Immersion: How Immersive Experiences And The Metaverse Benefit Customer Experience And Operations.

Deloitte Insights(2023). 2023 Digital Media Trends: Immersed and Connected. https://www.deloitte.com/us/en/insights/industry/technolo

gy/media-industry-trends-2023.html
Forbes(2021). Transforming Retail With Augmented And Virtual Reality, Powered By Artificial Intelligence: The Case Of Eyewear Shopping.
Forbes(2022). Amazon Style Store Where Tech Meets Fashion.
Forbes(2023). Viva Tech: Why LVMH Is Partnering With Epic Games And Apple Tap To Pay.
Forbes(2024). Apple Vision Pro: A Beautiful, Flawed Bridge To The Future.
Forbes(2025). Digital Twins and Virtual Stores: The Future Of Retail Is Here.
Alcácer, J. et. al.(2025). Breezm: Innovative 3D-Printed Eyewear (A). *Harvard Business School Case 725-376.*
McKinsey & Company(2022). Value Creation in the Metaverse: the real business of the virtual world.
Michigan Journal of Economics(2025). AI-Powered Fashion: How Tech is Reshaping the Future of Zara's Fashion Empire.
MIT Sloan School(2024). The future of physical retail: 5 actions to elevate customer experience.
New York Post(2022). Tiffany & Co. will turn NFTs into $50K custom pendants.
NFT Now(2022). Adidas Originals and Prada Announce Collaborative User-Generated NFT Project.
NFT Now(2023). Inside the Digital Fashion Explosion With DressX.
Reuters(2023). Snap launches enterprise division to help businesses build AR features.
SDA Bocconi(2022). Luxury and the Metaverse — Why luxury companies are exploring its potential.

The New York Times(2021). Dolce & Gabbana Just Set a $6 Million Record for Fashion NFTs.

Vogue Business(2021a). Balenciaga launches on Fortnite: What it means for luxury.

Vogue Business(2021b). Inside Gucci and Roblox's new virtual world.

Vogue Business(2022a). Louis Vuitton to release new NFTs.

Vogue Business(2022b). Nike & RTFKT take on digital fashion with first "Cryptokick" sneaker.

Vogue Business(2023). Demand for customisation boosts Hourglass and Tatcha.

Vogue Business(2024). The Vogue Business NFT Tracker: Black Boxes to win a CryptoPunk.

Younus, M.(2025). The Economics of A Zero-Waste Fashion Industry: Strategies To Reduce Wastage, Minimize Clothing Costs, And Maximize & Sustainability. *Strategic Data Management and Innovation, 2*(1), pp.116~137.

07
AI가 바꾸는 패션 유통 채널

AI는 패션 유통의 경계를 허물고 있다. 온라인은 정교해지고, 오프라인은 데이터의 장(場)으로 진화하며, 유통은 상품의 이동이 아니라 경험과 정보의 흐름으로 재편된다. 이로써 미래의 쇼핑은 데이터 기반의 상호 작용 시스템으로 변화된다.

AI와 윤동주?

디지털 전환 이후의 패션 유통: 단절과 재결합

패션 유통은 팬데믹을 전후로 근본적인 전환기를 맞이했다. 기존에는 백화점 · 로드 숍 중심의 오프라인 유통이 패션 산업의 주축이었다면, 2020년 이후 온라인 쇼핑 플랫폼의 급부상과 함께 소비자와 브랜드의 접점은 완전히 재편되었다. 이 과정에서 '쇼핑'은 장소 기반의 활동이 아니라, 데이터 흐름을 통해 구성되는 경험으로 변화하고 있다.

하지만 디지털 전환이 완전히 오프라인을 대체한 것은 아니다. 오히려 AI의 도입 이후, 오프라인은 다시 '경험의 장'으로 복귀하며 새로운 의미를 부여받고 있다. 온 오프라인은 단절이 아니라 재결합되고 있으며, 그 접합의 중심에 AI가 있다.

이러한 변화는 '채널 중심'에서 '인터페이스 중심'으로의 패러다임 전환을 의미한다. 이것은 단순한 채널 중심의 유통 구조를 넘어, 고객의 감각이나 정서, 또는 의사결정 흐름에 맞춘 다양한 접점(point of contact)에서 AI 경험을 설계해야 한다는 의미가 있다. 카이푸 리(Kai-Fu Lee)는 《AI 슈퍼파워(AI Superpowers)》(2018)에서 AI가 단순한 기술 진보에 그치지 않고, 전기처럼 삶의 모든 영역에 스며들 것이라고 보았다. 그는 이를 '어디에나 존

재하는 AI(Ubiquitous AI)'의 도래로 설명하며, AI가 소비, 노동, 의료, 교육 등 사회 전반의 구조를 바꿔 놓을 것으로 예측했다. 이는 기술이 단일 채널이나 도구가 아니라, 사람의 감각, 감정, 판단의 흐름 속에 자연스럽게 작동하는 새로운 인터페이스로 기능하게 될 미래의 모습을 보여 준다.

결국 AI는 기업의 앱이나 웹사이트 안에만 머무르지 않고, 소비자가 브랜드를 경험하는 모든 순간—매장, 스마트폰, 음성 비서, 소셜 미디어 등—에 녹아들며, 경험 중심의 유통 환경을 전면적으로 재편하는 중이다.

온오프라인 경계의 해체: AI가 만든 하이브리드 유통 구조

기존 오프라인 유통은 진열과 판매 중심의 정적인 공간이었다. 그러나 AI 기술의 도입은 이 공간을 역동적으로 만들었다. 아마존 스타일 매장은 고객이 입장한 순간부터 AI가 행동을 추적하고, 관심 상품에 대한 실시간 추천을 제공한다.

자라는 RFID 기술에 AI를 접목해 고객 동선, 상품 회전율, 반품 이력까지 분석하며 매장 내 상품 배치를 매일 조정한다. 오프라인 매장은 더 이상 단순한 구매 공간이 아니다. AI는 오프라인 매장을 '데이터 수집의 전초 기지'로 만들고, 이를 '온라인 개인화'의 기반으로 활용한다.

AI 기술이 적용된 오프라인 매장은 이제 단순한 상품 판매 공간을 넘어, 고객의 행동, 동선, 반응 등을 실시간으로 감지하고 분석하는 '지능형 센서 공간'으로 진화하고 있다. 이러한 매장은 디지털 트윈(Digital Twin) 시스템과 연결되어, 실제 공간에서 일어나는 데이터를 가상 공간에 즉시 반영함으로써 운영 효율은 물론, 고객 경험까지 동적으로 최적화할 수 있는 구조를 갖추게 된다.

예를 들어 고객이 어떤 상품 앞에 오래 머무르는지, 어느 동선에서 이탈이 잦은지 등의 데이터를 수집하고 이를 기반으로 매장 구성이나 마케팅 메시지를 즉시 조정할 수 있다. 이러한 오프라인 공간은 일종의 '디지털 트윈의 센싱 노드(Digital Sensing Node)'로 정의되는데, 이는 오프라인 매장이 실시간으로 데이터를 수집하고 이를 기반으로 피드백을 주고받는 핵심 거점으로 새롭게 설계된다는 것을 의미한다. 이처럼 오프라인은 온라인과 연결된 유기적 네트워크의 일부로 재구성되고 있으며, 그 중심에는 AI 알고리즘이 있다.

나이키는 2021년 미국 뉴욕에 '나이키 라이브(Nike

Live)'라는 이름의 소규모 테스트 매장을 열고, 지역 밀착형 리테일 전략을 본격적으로 실험하고 있다. 이 매장은 기존의 대형 매장과는 달리, 해당 지역 고객의 구매 이력, 온라인 리뷰, 앱 사용 데이터 등 다양한 피드백을 수집하여, 어떤 제품을 매장에 진열할지를 주 단위로 빠르게 바꾸고 있다. 예를 들어, 주말에 인근에서 마라톤 대회가 예정되어 있다면 러닝화 중심으로 제품 구성을 전환하거나, 갑작스러운 추위가 예보될 때 방한용 액세서리와 겨울용 운동복을 전면에 배치하는 식이다.

이러한 큐레이션은 AI 기반 분석 시스템이 실시간으로 지역 날씨, 스포츠 이벤트 일정, SNS 트렌드, 온라인 검색량 등을 종합적으로 분석하여 제안하며, 소비자가 매장을 방문하기 전에 이미 최적의 상품 구성이 완료된 상태를 목표로 한다. 나이키는 이처럼 AI를 활용해 오프라인 매장의 민첩성을 높이고, 소비자 경험을 개인화하는 전략을 통해 디지털 전환 시대의 새로운 리테일 모델을 제시하고 있다.

AI가 만든 유통 구조의 '개인화 프로그래밍'

디지털 플랫폼은 고객이 어떤 상품을 클릭하거나 검색할 때마다 즉각적으로 반응한다. 그런데 AI는 여기서 한

발 더 나아가, 고객이 앞으로 어떤 행동을 할지를 예측하고, 그에 맞는 경험을 미리 설계할 수 있다. 예를 들어, 스타일 추천 시스템은 단순히 고객의 취향을 반영하는 데 그치지 않고, 브랜드가 판매를 늘리고 싶은 핵심 상품과도 연결되어 작동한다. 또 어떤 브랜드는 고객의 반응을 분석해 실시간으로 할인율을 조절하거나, 특정 고객층에게만 특별 혜택을 제공하는 '맞춤형 가격 정책(Programmable Pricing Policy)'도 활용하고 있다.

AI로 작동하는 가격 알고리즘은 단순히 상품 가격을 정하는 데 그치지 않고, 고객의 지불 여력, 검색 기록, 장바구니에 머문 시간 같은 정보를 실시간으로 분석해 '개인 맞춤형 가격(Pricing Personalization)'을 제시한다. 즉, 고객마다 상황에 따라 다른 가격이 적용되는 방식이다. 이는 유통 시스템이 단순한 자동화 수준을 넘어, 고객 반응에 따라 스스로 조정되는 '적응형 유통' 단계로 진입하고 있음을 보여 준다.

이러한 변화는 브랜드가 아닌 알고리즘이 판매 전략의 일부 결정권을 맡고 있다는 점에서 구조적인 전환으로 평가된다. 《쇼핑의 미래(The Future of Shopping)》(Snoeck & Neerman, 2021)는 실제로 AI가 판매 예측, 재고 관리, 마케팅 타이밍, 매장 구성 결정까지 자동화하고 최적화하는 단계에 이르렀다고 분석한다. 즉, 과거 사람이 결정하던 유통 전략의 '리듬' 그 자체를 이제는 알고리즘이 결정하고 있다는 의미다.

새로운 유통 실험들: 리커머스, 메타 유통, 가상 매장

AI 기술은 전통적인 '신상품 유통' 너머에서도 새로운 패션 유통의 형태를 만들어 내고 있다. 더 리얼리얼(The RealReal), 스레드업(ThredUP), 윤회(주) 등은 중고 상품의 이미지, 마모 상태, 브랜드 가치를 AI가 자동 분석하고 등급화하여 가격을 책정한다. 일부 브랜드는 메타버스 기반의 가상 스토어에서 AI 기반 가상 피팅과 모델 추천을 제공하며, AI 쇼 호스트 시스템도 실험 중이다.

또한, 기존의 유통 방식을 넘어서 NFT, 리커머스, 디스코드(Discord) 커뮤니티, 무브 투 언(Move-to-Earn, M2E) 모델 등 다양한 실험이 활발히 전개되고 있다. 스톡엑스(StockX)는 2022년부터 디지털 자산 거래 섹션을 오픈해 한정판 운동화에 대한 NFT 인증 기반 거래를 시작했다.

또한 패션 브랜드들은 디스코드를 활용해 신제품 정보, 비공개 드롭 이벤트, 커뮤니티 투표 등을 운영함으로써 마이크로 유통 채널로 진화하고 있다. 무브 투 언 플랫폼인 스테픈(STEPN)은 운동 데이터를 NFT화하고 브랜드 협업을 통해 디지털 운동화와 실제 보상을 연계한 실험을 진행하고 있다.

글로벌 중고명품 플랫폼에서는 이미지 인식 기반 자동 가격 추천과 AI 검수 기능이 빠르게 확산하고 있다. 예컨대, 유럽의 베스티에르 콜렉티브(Vestiaire Collective)는 사진과 판매 데이터를 분석해 자동으로 적정 매입 · 판매가를 제안하며, 미국의 더 리얼리얼(TheRealReal)은 AI 이미지 분석을 통해 진품을 인증하고 가격을 책정하는 시스템을 운영 중이다.

이와 유사하게 국내 플랫폼들도 다양한 AI 기능을 적용하고 있다. 네이버의 크림(KREAM)이나 세컨웨어(secondwear)는 상품 사진만 올려도 AI가 정보 입력과 배경 제거, 자동 노출 등을 처리하며, 중고 상품 판매를 보다 쉽고 효율적으로 만드는 방향으로 발전하고 있다.

미래 유통 채널은 어떻게 바뀔 것인가?

앞으로의 패션 유통은 고객 중심 유통에서 데이터 중심 유통으로, 판매에서 순환으로, 공간 유통에서 인터페이스 유통으로 변화할 것이다. AI는 고객의 라이프 스타일을 중심으로 유통 경로를 설계하고, 착용 패턴까지 분석하여 재판매 가능성까지 예측한다.

요컨대, AI는 패션 유통을 구조, 속도, 대상, 공간 측면에서 혁신하고 있다. 유통은 단순한 제품 이동 과정이 아니라, 브랜드-소비자-환경 간의 데이터 상호 작용을 통해 가치를 교환하는 복합 시스템으로 재정의되고 있다.

이러한 변화는 단순한 '예측형 유통'을 넘어, '생성형 유통(Generative Commerce)'으로의 진입을 예고한다. 아마존은 2013년에 고객 행동 예측 기반의 '예측 배송(anticipatory shipping)' 특허를 등록했으며, 현재는 AI 기반 수요 예측 모델과 생성형 AI 내비게이션 툴(Well-spring)을 활용해, 상품이 고객의 수요 지역 근처로 미리 이동하도록 물류 효율을 고도화하고 있다. 비록 아직 '주문하지 않았어도 물건이 도착하는' 완전 자동 시스템은 아니지만, AI는 유통 단계 전반—재고 배치, 배송 루트 예측, 배송 옵션 표시 등—에서 핵심적인 결정 요소로 작용하고 있다.

이러한 변화는 '예측형 유통'을 넘어, AI가 소비 성향과 트렌드를 기반으로 전략 전체를 최적화하는 새로운 유통 시스템으로의 전환을 뜻한다. 실제로 《AI 2041》(리카이푸 · 천치우판, 2023)에서는 AI가 우리의 소비 패턴,

취향, 라이프 스타일까지 학습해, 생산 · 물류 · 마케팅 전 과정을 최적화하며 작동하는 시대가 올 것이라 분석한다. 즉, AI는 가상의 소비자 행동을 시뮬레이션하고 이를 바탕으로 실제 공급망을 구성하는 방식으로, 유통과 쇼핑 방식을 전혀 새롭게 재설계할 것이라는 전망이다.

결국 패션 유통은 예전처럼 상품을 중심에 두고 움직이는 공급망에서 벗어나, 이제는 고객 경험을 최우선으로 하는 '데이터 기반의 상호 작용 시스템'으로 바뀌고 있다. 그리고 이 변화의 중심에는 바로 AI 기술이 있다. 패션 브랜드는 이제 하나의 유통 채널만 기획하는 것이 아니라, 고객의 상황과 행동에 따라 유연하게 반응하는 데이터 흐름 위에서, 다양한 접점을 고려한 유통 방식을 설계해야 하는 시대에 들어서고 있다.

참고문헌

리카이푸·천치우판(2023). 《AI 2041》. 이현 옮김. 한빛비즈.

무신사 테크블로그(2024). "AI와 함께하는 패션 큐레이션 – 무신사 2.0 시나리오 기반 추천 시스템 개발".

무신사 테크블로그(2025). "무신사 X GitHub Copilot은 정말로 우리의 생산성을 높였을까?".

비즈워치(2025). "W컨셉에 AI를 입혔더니 … '나만의 룩북'이 됐다".

윤회(주). https://www.yune.life/
KPMG(2024). "소비 패러다임의 대전환기, 유통·소비재산업의 리퀴드 소비 트렌드". 《삼정INSIGHT》, 91.
EnCStore.com(2025). From Inventory to Insights: 5 Retailers Winning with RFID.
Fast Company(2025). Dynamic pricing in e-commerce: AI strategies to balance revenue with customer trust.
Forbes(2024). Harnessing AI For Dynamic Pricing For Your Business.
Harvard Business Review(2025). AI Agents Are Changing How People Shop. Here's What That Means for Brands.
KPMG(2024). The market of luxury goods.
Lee, K-F.(2018). *AI Superpowers: China, Silicon Valley, and the New World Order.* Harper Business.
McKinsey & Company(2022). The State of Fashion Technology Report.
Scholdra, T. P. et al.(2023). Reimagining personalization in the physical store. *Journal of Retailing, 99*(4), pp.563~579.
Snoeck, J. & Neerman, P.(2021). *The Future of Shopping: Where Everyone is in Retail.* LANNOO CAMPUS.
StockX(2024). StockX's 'The State of Resale' Report Reveals Sneaker and Streetwear Landscape Shakeup.
ThredUP(2023). Resale Report.

08
지속 가능성과 AI

AI는 패션 산업의 지속 가능성을 실현하는 핵심 도구로 부상하고 있다. 예측 정밀화와 자원 최적화, 순환 경제 모델 구축을 통해 폐기물과 탄소를 줄이며, 소비자에게 윤리적 소비 경험까지 제공하는 기술로 진화하고 있다.

AI와 한의학?

왜 지속 가능성이 중요한가?

패션 산업에서 배출되는 온실가스는 전 세계 온실가스 배출량의 약 10%를 차지하며, 제품 제조 과정에서는 매년 약 9,200만 톤 이상의 섬유가 폐기된다. 이에 따라 환경 규제와 소비자 인식 변화가 산업 전반에 큰 영향을 미치고 있다.

지속 가능성은 이제 단순히 친환경 소재를 쓰는 것을 넘어서, 윤리적인 생산 방식, 자원의 낭비를 줄이는 효율화, 기업의 사회적 책임까지 포함하는 넓은 개념으로 확장되고 있다. 2022년 유럽연합은 이를 제도적으로 뒷받침하기 위해 '지속 가능 제품을 위한 환경 디자인 규정(Ecodesign for Sustainable Products Regulation, ESPR)'을 발표했다. 이 법은 의류 · 신발 브랜드가 미사용 제품을 폐기하지 못하게 하고, 디지털 제품 이력 관리 체계(Digital Product Passport)를 도입하며, 내구성 및 재활용 의무 기준 등을 준수하도록 의무화하는 한편, 공급망 투명성과 환경 보호에 관한 법적인 의무를 강화하고 있다.

이제 지속 가능성은 마케팅을 위한 수사가 아니라, 브랜드 생존을 위한 전략적 핵심 과제로 자리 잡고 있다. 데이나 토머스(Dana Thomas)의 《패셔노폴리스

(Fashionopolis)》(2019)는 패스트 패션이 환경과 인권에 큰 해를 끼치고 있다고 지적하며, 지속 가능성을 위해 기술과 시스템 혁신이 필수적임을 강조한다. 실제로 대형 패션 기업들은 기술을 통해 지속 가능성을 실천하고 있다. 예컨대 나이키는 디지털 트윈 기반의 공급망 운영을 통해 소재 낭비를 줄이고 탄소 배출량을 관리하는 등 '무브 투 제로(Move to Zero)' 캠페인과 연계한 실질적 성과를 내고 있다. 이처럼 지속 가능성은 이제 단순한 이미지 관리가 아니라, AI와 데이터 기술로 공급망을 재설계하는 실질적 전략의 중심으로 자리 잡고 있다.

2022년 BCG 보고서에 따르면, 전 세계 소비자의 약 40%가 지속 가능성을 실천하는 브랜드에 더 많은 금액을 지불할 의향이 있다고 응답했다. 이는 단순한 윤리적 공감을 넘어서, 지속 가능성이 실제 구매 결정에 중요한 요소로 자리 잡았음을 보여 준다. 특히 패션 산업처럼 환경 오염과 탄소 배출 비중이 높은 분야에서는 친환경 인증, 공급망 투명성, 재활용 시스템을 갖춘 브랜드들이 브랜드 신뢰와 이미지뿐 아니라, 장기적 투자 유치 및 글로벌 협력 측면에서도 우위를 점하고 있다.

실제로 LVMH, 케어링(Kering), 파타고니아(Patagonia) 등은 ESG 연동 지표와 친환경 인증을 경영 전략의 핵심으로 채택하고 있으며, 이는 업계 전반에 지속 가능성을 중심으로 한 생태계 구조 혁신 흐름을 형성하고 있다. 이제 지속 가능성은 더 이상 '선택 사항'이 아니라, 브랜드의 생존과 성장, 투자 유치의 필수 조건이 되었다고 해도 과언이 아니다.

AI는 지속 가능성에 어떻게 기여하는가?

AI는 자원 낭비를 줄이고, 공급망을 최적화하며, 순환 경제 모델을 지원하는 중요한 도구다. 특히 생산 단계에서 수요를 더 정확하게 예측하고 폐기물 발생을 줄이며, 탄소 배출량을 추적 · 관리하는 데 큰 역할을 한다. 예를 들어, 리바이스는 AI 기반 수요 예측 시스템을 도입해 재고 과잉과 불필요한 할인 판매를 줄여 비용과 낭비를 낮추는 효과를 봤다. 또한 공식적으로는 2016년 대비 공급망 온실가스 배출량을 22% 감소시켰는데, 이는 AI와 디지털 기술의 공급망 혁신이 환경 성과로 이어질 수 있다는 점을 보여 준다.

또한, AI는 원단 소비량을 계산하거나 공정별 에너지 소모를 측정해, 에너지 효율을 높이는 데도 이바지한다. 글로벌 럭셔리 그룹 케어링은 이러한 기술을 실제 공정에 적용하고 있다. 케어링은 자체 개발한 'AI 기반 환경

회계 플랫폼(Environmental Profit & Loss, EP&L)'에 AI 분석 도구를 결합하여, 공장별 온실가스 배출량, 물 사용량, 화학 물질 사용 정도 등을 정밀하게 모니터링하고 있다. 이를 통해 케어링은 단순히 배출량을 기록하는 수준을 넘어, 공정 전반의 탄소 발자국을 예측하고, 생산 방식을 개선하기 위한 실질적인 데이터 기반 전략을 수립하고 있다. 이러한 시스템은 궁극적으로 지속 가능한 제조 방식 확산과 ESG 경영 실현을 위한 핵심 기술로 주목받고 있다.

또한 에스에이피(SAP), 마이크로소프트(Microsoft) 등 B2B AI 설루션 업체들은 패션 기업이 자사의 공급망 전반에서 ESG 성과를 자동 측정하고 리포팅할 수 있도록 돕는 지속 가능성 분석 플랫폼을 제공하고 있다. AI는 지속 가능 경영 보고서의 자동 작성, 탄소세 시뮬레이션, 친환경 공급처 자동 매칭 등의 역할도 수행 중이다.

기존의 '블랙 스완(Black Swan)'이 예측 불가능하고 파괴적인 위기를 뜻했다면, 《그린 스완(Green Swans)》(Elkington, 2020)은 위기를 계기로 긍정적인 방향으로 급진적인 변화가 일어나는 혁신을 비유한 개념이다. 특히 저자는 기후 위기와 같은 복합적인 글로벌 문제를 해결하기 위해서 단순한 친환경 기술을 넘어서는 접근이 필요하다고 강조한다. AI는 실시간 기후 데이터 분석, 탄소 배출 예측, 공급망 개선 지원 등에서 중요한 도구로 작용할 수 있으며, 이는 기술과 시스템 전환이 통합되어 지속 가능한 미래를 만들어 가는 과정의 일부로 볼 수 있다. 이처럼 《그린 스완》은 위기와 혁신이 맞물리는 복합적 변화를 설명하며, AI가 그 변화에 중요한 역할을 할 수 있음을 시사한다.

폐기물 최소화를 위한 AI 활용 사례

패션의 과잉 생산과 폐기는 지속 가능성의 큰 장애물 중 하나다. AI는 수요 예측, 판매 데이터 분석을 통해 생산량을 정밀하게 조정함으로써 폐기물 최소화에 기여하고 있다.

H&M은 AI를 활용해 매장 간 재고를 자동으로 이동시키고, 판매되지 않은 상품은 리사이클링하거나 기부하는 재고 순환 모델을 운영하고 있다. 이를 통해 최근 몇 년간 제품 폐기량을 크게 줄이는 성과를 거둔 것으로 알려졌다.

자라는 디지털 생산 계획과 RFID 데이터를 결합해 특정 상품의 판매 속도에 따라 생산을 유연하게 조정하며, 과잉 재고를 최소화하고 있다.

또한 나이키는 AI와 디지털 기술을 활용해 원단 낭비를 줄이고 생산 효율을 높이는 다양한 시스템을 도입 중이다. 예를 들어, AI가 원단 사용량을 최적화하고 절단 패턴을 개선하는 기술을 적용해 자투리 원단 폐기량 감소에 기여하고 있다.

이러한 사례는 AI가 단지 '감소'가 아닌 '재구조화'를 수행한다는 점에서 의의가 크다. AI는 공급량과 수요를 정밀하게 연결하는 '디지털 조절자'로 기능하며, 그 결과로 불필요한 생산 자체를 줄이는 구조적 지속 가능성(systems-level sustainability)을 실현한다.

순환 경제와 리커머스 플랫폼

국내 사례로는 (주)윤회가 주목받고 있다. 윤회는 폐섬유와 남는 옷이나 원단을 수거해 AI 분류 시스템을 통해 소재별로 자동 분류하고, 재활용할 수 있는 섬유를 선별하여 재생 원단을 제작한다. 2023년 기준 윤회는 패션 브랜드와 협력하여 '폐기물 제로' 캡슐 컬렉션을 선보였으며, AI를 통해 수거 및 분류 효율을 2배 이상 개선했다. 윤회는 또한 소비자 참여형 리사이클 플랫폼을 운영하며, 앱을 통해 기부 섬유의 흐름과 활용 내역을 추적할 수 있도록 투명한 순환 경제 모델을 구축하고 있다.

AI는 중고 의류 시장과 재활용 체계에도 적극 활용되고 있다. 더 리얼리얼(The RealReal), 베스티에르 콜렉티브(Vestiaire Collective), 스레드업(thredUP) 등 리커머스 기업은 AI 알고리즘을 통해 중고 상품의 징가, 상태 평가, 유통 적정 시점 등을 자동 분석해 운영 효율성을 높이고 있다. 특히 스레드업은 의류 분류 자동화 시스템에 AI 비전 기술을 도입하여 시간당 1000벌 이상을 처리하며, 상품 회전율과 품질 관리를 동시에 확보하고 있다.

이 외에도 잘란도는 2024년 'AI 품질 인증 중고 물품(Pre-owned AI Grader)'을 도입하여, 중고 의류의 상태를 점수화하고 사진 기반 AI 판독을 통해 가격, 품질, 수명을 예측하는 기능을 상용화했다. 소비자는 판매 전에 AI가 제공한 예측 데이터를 통해 재판매 가치와 지속 가능성 정보를 확인할 수 있으며, 이는 브랜드-소비자 간 신뢰 기반의 순환 구조 형성에 기여하고 있다.

AI 기반 리커머스는 단순한 재활용을 넘어, 자산 회수(recovery)와 새로운 고객 접점 창출이라는 측면에서도 중요한 전략 도구가 되고 있다.

지속 가능성과 소비자 경험의 연결

소비자는 이제 브랜드가 얼마나 지속 가능한지를 구매

기준으로 고려한다. 이에 따라 AI는 소비자에게 제품의 친환경 지수, 생산지 정보, 재활용 가능 여부 등을 실시간으로 제공할 수 있다. 예를 들어, 파타고니아는 제품마다 환경 발자국(탄소 배출, 물 사용량 등)을 표시하고, 소비자가 해당 정보를 앱에서 확인하도록 구성했다. 이는 브랜드 신뢰도를 높이는 동시에, 소비자의 윤리적 소비를 유도하는 역할을 한다.

또한 LVMH가 2023년부터 도입한 '그린 패스포트(Green Passport)' 시스템은 일종의 디지털 제품 여권(Digital Product Passport)으로 이 시스템을 통해 소비자가 제품 스캔만으로 탄소 중립 여부, 재활용성, 수명주기 등을 확인할 수 있도록 하였으며, 이 데이터는 모두 AI 분석을 통해 실시간으로 제공된다.

미래에는 AI가 소비자의 가치관에 맞춘 '지속 가능성 맞춤형 추천'을 제공할 것으로 기대된다. 예를 들어, 윤리적 노동을 중시하는 소비자에게는 공정 무역 인증 제품을, 에너지 효율을 중요시하는 소비자에게는 저탄소 공정 제품을 제안하는 식이다. 정도희(2018)의 《인공지능 시대의 비즈니스 전략》에서는 AI가 개인화된 추천 기능과 윤리적 경영 전략에서 중요한 역할을 할 것으로 전망한다. 이러한 맞춤형 지속 가능성 추천은 향후 소비 경험의 핵심 요소로 부상할 것이다.

참고문헌

정도희(2018). 《인공지능 시대의 비즈니스 전략》. 더퀘스트.

AI Expert Network(2023). Case Study: Zalando's Innovative Use of AI.

Aithor(2025). Nike's Use of Generative AI for Rapid Design Prototyping.

Boston Consulting Group(2022). Consumers Are the Key to Taking Green Mainstream.

Cleverence Software(2025). How Zara and H&M Master Just-in-Time Inventory.

Elkington, J.(2020). *Green Swans: The Coming Boom in Regenerative Capitalism.* Fast Company Press.

Environment+Energy Leader(2025). H&M Group Advances Sustainability and Business Strategy.

European Commission(2024). Ecodesign for Sustainable Products Regulation – Making sustainable products the norm in the EU.

infios(2019). From factory to footwear – inside the Nike supply chain.

Inside Retail Asia(2021). Kering: Why we're using AI to measure circularity.

Levi Strauss & Co.(2022). 2021 Sustainability Report Summary.

Massimo Dutti(2024). Inditex Group Annual Reports 2023.

Medium(2024). The Power of Transparency: How Patagonia Redefined Corporate Communication.

PYMNTS.com(2024). ThredUp Adds AI Tools to Fashion Resale

Platform.
Thomas, D.(2019). *Fashionopolis: The Price of Fast Fashion and the Future of Clothes*. Penguin Press.
Tradlinx(2025). Nike's Supply Chain Management Strategy.

09
데이터와 패션 브랜드의 전략

데이터는 이제 브랜드 전략의 근간이다. AI는 제품 기획부터 가격, 유통, 고객 경험까지 전 과정을 실시간으로 재설계하며, 브랜드는 데이터 기반 예측력과 윤리적 투명성을 동시에 갖춰야 경쟁력을 확보할 수 있다.

AI와 화장품?

데이터는 어떻게 브랜드 전략이 되는가?

패션 브랜드에 데이터는 더 이상 마케팅 참고 자료 수준에 머물지 않는다. 오늘날 브랜드 전략의 시작과 끝은 데이터에서 출발한다. 유통 플랫폼, 자사 몰, 소셜 미디어, 검색 엔진, 오프라인 매장 등 수많은 접점에서 수집된 고객 데이터는 실시간 분석을 통해 신제품 기획, 가격 설정, 프로모션 시기, 타기팅 전략까지 전방위적으로 반영된다.

데이터는 과거와 미래를 연결하는 '전략적 센서'이자 '미래 예측자'로서 역할을 확장하고 있다. 《신호가 건네는 말(The Signals Are Talking)》(Amy Webb, 2016)에서는 데이터가 단순한 트렌드가 아니라 중요한 변곡점을 감지하는 '신호(signal)'라고 강조한다. 특히 빠르게 변화하는 소비자 패턴이 특징인 패션 산업에서는, 이러한 데이터 기반 신호가 실시간 전략 조정의 필수 인프라로 자리 잡고 있다.

매킨지 보고서(McKinsey & Company, 2020)에 따르면, 조사 당시 기준으로 패션 산업의 기업 중 30% 미만만이 제품 기획 초기 단계에서 AI 기반 데이터 분석을 활용하고 있었으며, 이는 업계 전반의 디지털 성숙도가 여전히 낮은 수준임을 의미한다. 그러나 응답 기업의 75%는 향후 5년 내 디지털 기술을 제품 개발과 디자인 전략에 적극 통합할 계획이라고 밝혀, AI와 데이터 기반의 브랜드 전략 수립이 표준이 될 것임을 시사한다. 이러한 변화는 단순한 수요 예측을 넘어, 브랜드의 감성적 포지셔닝과 고객 경험을 정밀하게 설계하는 '데이터 기반 브랜드 디자인'이라는 새로운 흐름으로 확장되고 있다.

제품 기획에서의 데이터 활용

앞서 살펴본 바와 같이, 자라는 매주 2회 제품 기획 회의를 열고, 지역별 RFID 데이터를 기반으로 실제 판매 반응과 고객 피드백을 분석한다. 또한 유니클로는 구글 클라우드 AI와 협력해 POS 데이터를 바탕으로 고객 선호 패턴을 추출해 다음 시즌 상품군을 예측한다.

버버리(Burberry)는 디지털 전략의 목적으로 소셜 미디어상의 사용자 콘텐츠와 감성 데이터를 활용해 브랜드 경험을 최적화하고 있다. 예를 들어, 인스타그램이나 유튜브에 업로드된 사용자 제작 콘텐츠(User-Generated Content, UGC)와 캠페인 반응을 분석해, 캠페인 톤 및 메시지, 스토리텔링 요소를 고객의 감성에 맞게 조정한다. 이러한 방식은 디지털 및 감성 데이터를 브랜드 전략에 반영하는 통합 마케팅 모델의 대표적 사례다.

또 스타일리스트 기반 브랜드인 글로시에(Glossier)는 사용자 리뷰, 블로그 코멘트, 소셜 미디어 반응을 세밀하게 분석해 제품 개발에 반영하는 전략을 운영하고 있다. 예컨대, 고객들이 "순하다", "윤기 있다" 등의 표현을 댓글로 적극 남기면서, '밀키 젤리 클렌저(Milky Jelly Cleanser)'와 같은 인기 제품이 개발되었다. 이러한 과정은 AI를 기반으로 한 자동화 분석은 아니지만, 고객의 감성과 경험을 제품 설계 전반에 반영하는 감성 기반 데이터(emotion-based data) 디자인의 실천 사례로 주목받는다.

고객 분석을 통한 가격 및 프로모션 전략

무신사는 자체 머신 러닝 알고리즘을 활용해 고객의 등급, 장바구니 유지 기간, 상품 클릭 빈도 등을 분석하여 개인별 쿠폰 발송 시기와 할인율을 조정하고 있다. 이에 따라 2024년 10~11월 진행된 테스트에서 2,370개 입점 브랜드가 AI 기반 상품 광고를 집행한 결과, 월 거래액 5,000만 원 이하 중소 브랜드의 거래액이 평균 25% 이상 증가했다. 또한 앱 개편 이후, AI 추천 판과 상품 상세 추천을 통한 구매 전환율이 약 3배, 관련 거래액은 308% 이상 증가하는 성과를 보였다. 무신사는 이처럼 AI 기반 개인화 프로모션으로 회원 1인당 전환율과 전체 매출 성장에 기여하고 있다.

AI 기반 가격 결정 전략은 구매 가능성, 가격 민감도, 경쟁 상황을 동시에 고려하는 '적응형 가격 결정(adaptive pricing)' 방식으로 진화하고 있다. 미국의 백화점 체인인 노드스트롬(Nordstrom)은 AI 시스템을 활용해 소비자의 평소 검색 행동과 과거 할인 반응을 분석하고, 구매 확률이 높은 시점에만 타깃 할인 정보를 노출해 프로모션 노출 대비 전환율을 35% 이상 높였다.

AI는 이제 기업의 전략을 짜고 실행하는 중심 도구로 자리 잡고 있다. 《AI 시대의 경쟁(Competing in the Age of AI)》(Iansiti & Lakhani, 2020)에서는, 기업이 더 이상 사람 중심의 계획과 운영만으로 빠르게 변화하는 시장에 대응할 수 없다고 말한다. 대신, 알고리즘이 데이터를 스스로 분석하고 학습하면서 마케팅, 가격 결정, 재고 운영 같은 핵심 전략을 자동으로 조정하는 시대가 오고 있다고 본다. 마이크로소프트 최고경영자(CEO) 사티아 나델라(Satya Nadella)에 따르면, 'AI는 기업의 새로운 런타임(runtime)'이라고 하는데, 이는 AI가 기업의 내부 엔진처럼 작동하며, 매 순간 빠르게 판단하고 실행하는 구조임을 의미한다. 즉, 인간의 역할은 이제 전략을 직접 세우기보다는, AI가 제안하는 방향을 해석하고 조율하는 '해석자'로 점차 바뀌고 있다는 것이다.

데이터 기반 유통 채널 운영

나이키는 자체 앱에서의 고객 행동 데이터를 기반으로 지역별 매장 운영 전략을 수립한다. 예를 들어, 뉴욕 지역의 특정 재고 관리 단위(Stock Keeping Unit, SKU)가 온라인에서 반복적으로 품절된다는 데이터를 가지고, 해당 제품을 중심으로 한 한정판 팝업 스토어를 오프라인에 기획했다. 이처럼 데이터는 단순 재고 운영을 넘어 지역별 타깃형 유통 전략 수립에 활용되고 있다.

스타일쉐어(Style Share)는 온라인 플랫폼에서 축적한 소비자 데이터를 바탕으로, 특정 브랜드와 인기 상품을 선별해 강남 등 주요 상권에 팝업 스토어를 운영하는 등 오프라인 경험을 강화하고 있다. 이 과정에서 온라인 검색과 구매 패턴, SNS 반응 등 다양한 데이터를 분석해 매장 입지 선정과 상품 구성을 최적화하며, 온오프라인 유통 채널 간 시너지를 창출하고 있다. 유사하게 무신사도 온라인 쇼핑 데이터와 연계해 오프라인 매장 내 고객 맞춤형 프로모션을 전개하는 등 데이터 기반 옴니채널 전략을 적극 도입하고 있다.

룰루레몬(Lululemon)은 지역 단위 웨어러블 기기 사용자 데이터를 분석해, 요가 매트 구매, 특정 요가복 스타일의 재입고 수요 등을 예측하고, 지역별 '마이크로 팝업' 유통을 설계한다. 이는 데이터가 단순 소비 분석이 아닌 '지역 기반 고객 생활 반응 센서'로 작동하는 사례다.

고객 생애 가치 기반의 브랜드 운영

잘란도는 AI를 기반으로 한 분석을 통해 고객의 구매 이력과 행동 패턴을 세밀하게 분석하여, VIP 전환 시점과 재구매 가능성을 예측한다. 이를 바탕으로 개인별 맞춤형 할인 쿠폰, 상품 추천, 리뷰 요청 메시지를 자동으로 발송하며, 고객 이탈률을 효과적으로 낮추고 장기 충성도를 높이고 있다. 2022년 잘란도 보고서에 따르면, 이 전략을 통해 회사는 VIP 고객군의 재구매율이 15% 이상 증가하는 성과를 기록했다. 한편, 나이키는 회원제 시스템에서 고객의 평생 가치(LTV)를 고객별로 평가해 보상 콘텐츠, 맞춤형 제품 추천, 전용 할인율을 차등 제공함으로써 충성 고객 확보에 집중하고 있다. 이러한 전략들은 고객과의 장기 관계를 강화하고, 브랜드 생애 가치를 극대화하는 데 핵심적인 역할을 하고 있다.

이제 AI는 고객의 평생 가치를 단순히 과거 구매 이력으로 예측하는 데 그치지 않고, 시간에 따라 변화하는 역동적인 흐름으로 이해하고 있다. CRM 분야의 세계적인 소프트웨어 기업인 세일즈포스(Salesforce)는 2023년에 'LTV 시뮬레이션 엔진'이라는 기능을 도입했다. 이 시스템은 고객의 행동이 바뀔 때마다 LTV 점수를 실시간으로 자동 조정하는 구조로 설계되었다. 예를 들어 어떤 고객이 웹사이트에 자주 방문하고, 장바구니에 상품을 담고, 리뷰까지 남긴다면 해당 고객의 LTV는 점점 높아지게 되고, 브랜드는 이 고객에게 더 적극적으로 혜택이나 맞춤형 제안을 제공할 수 있다. 반대로, 특정 고객이 한동안 활동이 없거나, 구매가 줄어들 경우, 이탈 위험이 커졌다고 판단되어 리마인드 메시지, 재참여 프로모션, 또는 특별 쿠폰을 보내는 방식으로 다시 '관심을 유도(재활성화)'할 수 있다. 즉, 브랜드는 AI가 실시간으로 분석한 데이터를 기반으로, 고객이 브랜드에 유입될 때, 이탈할 가능성이 생길 때, 그리고 다시 돌아올 가능성이 있을 때 각각 적절한 대응 전략을 세울 수 있게 된 것이다.

《미래의 고객(The Customer of the Future)》(Morgan, 2019)에서는 이러한 흐름을 뒷받침하며, "고객은 단순히 상품을 구매하는 소비자가 아니라 브랜드의 진화에

직 · 간접적으로 이바지하는 파트너"라고 강조한다. 즉, AI 기반 LTV 전략은 이제 고객의 구매력뿐 아니라, 브랜드에 미치는 장기적인 영향력과 참여도까지 함께 평가하는 '관계 중심 전략'으로 발전하고 있다. 고객의 행동 변화에 따라 실시간으로 조정되는 LTV 점수는 브랜드가 개별 고객을 더욱 정교하게 이해하고, 맞춤형 경험을 설계하는 데 중요한 도구로 자리 잡고 있다.

데이터 윤리와 투명성의 문제

유럽연합의 디지털 서비스법(Digital Services Act, DSA)과 디지털 시장법(Digital Markets Act, DMA)은 기업이 수집한 고객 데이터를 어떻게 활용하고 있는지에 대한 투명한 공개와 통제권 부여를 핵심 요건으로 강조하고 있다. H&M은 제품 생산지와 소재 정보 등 소비자용 투명성 강화 정책을 꾸준히 확대해 왔으며, 2019년부터는 온라인 플랫폼에서 관련 정보를 누구나 열람할 수 있도록 했다. 앞으로는 데이터 활용의 투명성과 소비자 권리 보장이 브랜드 신뢰도와 경쟁력의 핵심 요소로 작용할 가능성이 크다.

요컨대, 데이터는 이제 브랜드 전략의 출발점이자, 고객과의 관계를 이어 주는 기초 인프라다. AI는 이러한 데이터를 실시간 분석 · 예측하는 도구로, 브랜드의 제품, 가격, 유통, 고객 경험 전반을 재설계하고 있다. 그러나 동시에 투명성과 윤리를 수반하는 정교한 전략이 요구된다. 실례로, 2022년 말부터 구글(Google)은 '마이 애드 센터(My Ad Center)'를 통해 사용자가 자신의 광고 기반 추천 데이터를 직접 편집하고, 관심사 기반 광고를 해제할 수 있도록 하였으며, 이는 디지털 윤리의 표준이 강화되는 흐름을 반영한다. 이는 디지털 윤리에서 '투명한 사용자 권리' 기준 강화 흐름을 잘 반영한다.

《AI 윤리(AI Ethics)》(Coeckelbergh, 2020)는 AI가 일상에 깊이 스며들수록 그 작동 방식이 어떻게 결정되고 설명되는지가 중요해진다고 말한다. 그는 '설명 가능성(explainability)'을 책임 있는 기술 사용의 핵심 조건으로 강조하며, AI 기술이 단순히 효율성과 정확성만을 추구할 것이 아니라, 철학적 책임과 윤리적 판단을 함께 고려해야 한다고 주장한다. 특히 데이터가 개인의 삶과 밀접하게 연결되는 시대일수록, 기업의 데이터 전략은 기술적인 측면뿐 아니라 인간 중심의 가치 판단을 포함해야 한다는 점을 강조한다.

참고문헌

김하연 외(2024). "웹 4.0 시대의 패션데이터 활용을 위한 연구: 오픈패션 개념과 오픈패션 라이선스 제안". 《패션비즈니스》, 28(5), 17~35쪽.

디지털포스트(2025). "1조 벽 뚫은 무신사, AI·초개인화로 충성고객 '락인' [K커머스 AI패권 전쟁④]".

청년일보(2025). ""AI 기술로 승부" … 패션 플랫폼, '개인화 추천'으로 고객 경험 개선".

패션채널(2018). "'스타일쉐어' SNS와 커머스의 만남!". 네이버 블로그.

Choi, K. H.(2022). 3D dynamic fashion design development using digital technology and its potential in online platforms. *Fashion and Textiles, 9*(1), 9.

Coeckelbergh, M.(2020). *AI Ethics*. The MIT Press.

dayta.ai(2021). How Nike's Data-Focused Strategy Has Led to Its Success.

Digital Commerce 360(2017). How Nordstrom adapted to the e-commerce challenge.

Elearn College(2025). Zara Navigating Fashion With Agile Supply Chains.

Fabrichq.ai(2024). Zara Case Study: How Analytics Fueled Zara's Fast Fashion Success.

Forbes(2017). The Amazing Ways Burberry Is Using Artificial Intelligence And Big Data To Drive Success.

Iansiti, M. & Lakhani, K.(2020). *Competing in the Age of AI: Strategy and Leadership When Algorithms and Networks Run the World*. Harvard Business Review Press.

McKinsey & Company(2020). The fashion industry's digital

transformation: Now or never.

Medium(2024). Glossier's 'Into the Gloss': A Case Study in Community-Driven Beauty Marketing.

Morgan, B.(2019). *The Customer of the Future: 10 Guiding Principles for Winning Tomorrow's Business.* HarperCollins Leadership.

Nikkei Asia(2018). Uniqlo parent enlists Google to make fast fashion faster.

Osinga, E. C. et al.(2025). Nike's consumer direct offense strategy: A hit or a miss?.

Techinformed(2024). 5 ways Burberry is using tech to transform high-end retail.

Webb, A.(2016). *The Signals Are Talking: Why Today's Fringe Is Tomorrow's Mainstream.* PublicAffairs.

Zalando SE(2023). Annual Report 2022.

10
미래의 패션, 인간과 AI의 공진화

패션과 AI는 대립이 아닌 공진화(共進化)의 관계에 있다. 인간의 감성과 직관, AI의 연산과 분석이 맞물려 새로운 창작 생태계를 만들며, 미래의 패션은 이 둘의 협업을 통해 더욱 정교하고 공감하는 기술로 진화하고 있다.

종교와 AI?

공진화의 관점에서 본 패션과 AI

AI 기술은 인간의 역할을 대체하는 것이 아니라, 패션이라는 감성 기반 산업과 상호 작용을 하며 공진화하고 있다. 패션의 기획, 디자인, 생산, 유통, 소비 전 과정에서 인간의 직관과 AI의 연산 능력은 서로를 보완하며 새로운 창조 생태계를 만들어 가고 있다. 공진화(共進化, co-evolution)란 각 요소가 서로 영향을 주고받으며 발전하는 과정을 뜻하며, 현재 패션과 AI의 관계가 바로 그러한 형태로 진화하는 중이다.

이제 패션과 AI의 관계는 단순한 '도구 활용'을 넘어서, 상호 의존적인 '공진화 시스템(co-evolutionary system)'으로 구조화되고 있다. 《AI 2041》(리카이푸 · 천치우판, 2023)은 AI가 단순한 도구 활용을 넘어 인간의 감성과 기술이 맞닿아 창조적인 경계를 이루는 과정이라고 설명한다. 이 과정에서 패션을 포함한 여러 분야가 기술과 인간의 상호 작용 속에서 함께 진화하는 '공진화 시스템으로 구조화되고 있음을 강조한다.

2023년 PwC 보고서에서는 "AI는 더 이상 생산성 도구가 아니라, 인간의 인지와 감정의 확장 도구로 전환되고 있다"며, 향후 창작 기반 산업에서 AI는 공동 창작자(co-creator)로 자리매김할 것으로 예측했다.

창작의 영역: 디자이너와 생성형 AI의 협업

2023년, 네덜란드의 디자이너 이리스 반헤르펀(Iris van Herpen)은 AI를 통해 자연의 움직임(물결, 바람)을 데이터화하고 이를 패브릭 드레이핑 디자인에 반영했다. 한편, 영국의 대표적인 디자이너이자 동명의 브랜드를 운영 중인 제이더블유 앤더슨(JW Anderson)은 2024년, 오픈AI(OpenAI) 기반의 생성형 AI 모델을 활용한 실험적 프로젝트인 'AI 무드보드 데이(AI Moodboard Day)'를 개최했다. 이 행사에서는 디자이너가 키워드 몇 개만 입력하면, AI가 자동으로 3D 가상 모델, 색상 조합(컬러 팔레트), 직물의 질감 정보를 시각적으로 제안했다. 디자이너는 이 AI가 생성한 자료를 바탕으로, 직접 디자인 요소를 선택하고 조합해 최종 의상을 완성했다. 이처럼 인간의 창의성과 AI의 계산 능력이 결합된 방식은, 새로운 형태의 협업적 창작 프로세스로 주목받았다.

이러한 방식은 AI가 단순히 대안을 제시하는 것을 넘어서, 인간의 직관과 문화적 맥락을 해석하고 확장하는 '창의적 인터페이스'로 진화하고 있음을 시사한다. 《크리에이티브 AI(Creative AI)》(du Sautoy, 2019)는 이를 인간의 상상력과 AI의 수학적 탐색이 만나 생성되는 새로운 형태의 창작 협업으로 설명하며, AI가 예측 불가능한 조합을 통해 인간의 창조성을 확장하는 계기를 제공한다고 분석한다.

감정과 취향의 연결: AI가 감성을 해석하는 시대

2023년 스포티파이 애드버타이징(Spotify Advertising)의 〈패션 소비자 여정 보고서(The Consumer Decision Journey: Fashion)〉에서는 음악 청취 경험이 소비자의 감정적 안정감과 브랜드 신뢰 형성에 중요한 역할을 한다고 분석했다. 특히 패션 제품을 탐색하거나 구매 결정을 내리기 전 단계에서, 음악은 소비자 스스로의 취향을 확인하고 브랜드와 정서적으로 연결되는 계기를 제공하는 '감성적 인터페이스'로 기능한다. 한편, 같은 해 잘란도는 오픈AI의 챗지피티(ChatGPT) 기술을 도입한 '패션 어시스턴트(Fashion Assistant)'를 독일, 오스트리아 등지에서 시범 운영하기 시작했다. 사용자가 자연어로 입력한 요청(예: "이번 주말 파티에 어울릴 만한 여름 재킷 추천해 줘")에 대해 AI가 실시간으로 상품을 큐레이션하여 제안하는 이 기능은, AI가 단순한 검색 도구를 넘어 맥락 기반의 조언자 역할로 진화하고 있음을 보여 주는 사례로 주목된다.

2020년 포브스(Forbes)에 따르면, 육스 네타포르테(Yoox Net-a-Porter)는 AI와 빅 데이터를 활용해 고객의 취향과 감성을 분석하고, 전통 장인 기술과 결합한 패션을 선보이고 있다. 이 프로젝트는 AI가 단순한 도구를 넘어 고객의 감정과 취향을 이해해, 보다 개인화되고 의미 있는 패션 경험을 만드는 데 이바지함을 보여 준다.

인간 중심 기술로서의 AI

H&M은 AI 기반 데이터 분석 시스템을 활용해, 판매 실적과 고객 피드백을 실시간으로 디자인 팀에 전달하며, 소비자 반응에 신속히 대응하는 프로세스를 구축했다. 자라는 매장 직원들이 고객 체형과 선호도를 반영한 추천을 할 수 있도록 AI 지원 기능이 탑재된 스마트 기기를 도입해 개인화된 서비스를 제공한다. 이처럼 AI는 결정을 대신하기보다 인간의 판단을 확장하는 도구로서 패션 현장에서 활발히 활용되고 있다.

구찌는 2023년부터 AI 기반 디자인 지원 도구를 실험하며, 디자이너에게 참고 이미지와 트렌드 데이터를 제공해 창작 과정을 보조하고 있다. 디자이너가 최종 결정을 내리는 '휴먼 인 더 루프(human-in-the-loop)' 방식으로, AI는 조력자 역할을 수행한다. 이러한 협업 구조는

AI가 인간 창의성의 보조 도구로 자리매김하고 있음을 보여 준다.

《AI 정렬 문제(The Alignment Problem)》(Christian, 2020)에서는 "AI는 인간을 대체하지 않고, 인간의 가치를 강화하는 방향으로 설계되어야 한다"라고 강조한다. 특히 미래에 인간의 창의성을 기반으로 하는 산업에서 직관과 윤리, 사회적 맥락은 AI가 결코 대체할 수 없는 핵심 요소임을 지적하는데, 이러한 균형 문제는 여러 산업에서 중요한 실험대가 되고 있다.

미래 전망: '공감하는 기술'로서의 진화

패션의 본질은 감성의 상호 작용이다. 앞으로의 AI는 텍스트나 이미지 생성 능력을 넘어, 고객의 감정 상태와 사회적 맥락까지 이해할 수 있는 '공감형 알고리즘'으로 진화할 것이다. 예를 들어, 막스앤스펜서(Marks & Spencer)는 AI를 활용하여 고객의 체형과 스타일 선호도를 분석하고, 이를 바탕으로 맞춤형 스타일을 제안하는 시스템을 도입했다. 또한, 틱톡(TikTok) 기반 패션 브랜드들은 AI를 활용해 소비자 리뷰의 감성 분석과 트렌드 데이터를 실시간으로 수집하고, 이를 바탕으로 타깃 맞춤형 마케팅 콘텐츠를 자동 생성하여 고객과의 정서적 연결을 강화하고 있다. 이러한 사례들은 AI가 패션 산업에서 감성과 데이터의 결합을 통해 개인화된 경험을 확장하는 방향으로 발전하고 있음을 보여 준다.

매킨지 보고서(McKinsey, 2023)에 따르면, 생성형 AI가 패션 산업의 창의성 증진과 맞춤형 고객 경험 혁신에 핵심 역할을 하며, AI가 소비자의 감성과 선호를 이해해 보다 깊은 '정서적 연결'을 가능케 할 것으로 전망한다. 미래 패션은 기술과 감성이 융합된 'AI적 공감'이 중심이 되어 재편될 것이다.

요컨대, AI는 더 이상 단순한 생산성 도구가 아니라, 인간의 창의성과 정서적 직관을 증폭하는 협력자다. 미래의 패션은 인간과 AI가 각자의 장점을 살려 상호 보완적으로 작동하는 '공진화 시스템' 위에 구축될 것이다. 기술이 감성을 이해하고, 인간이 데이터를 받아들이는 방식이 융합되면서, 패션은 더 복합적이고 정교한 창작 산업으로 진화할 것이다.

참고문헌

리카이푸·천치우판(2023). 《AI 2041》. 이현 옮김. 한빛비즈.

Christian, B.(2020). *The Alignment Problem: Machine Learning and Human Values.* W. W. Norton & Company.

DigitalDefynd(2025). 7 Ways Zara is Using AI.

https://digitaldefynd.com/IQ/ways-zara-using-ai/
du Sautoy, M.(2019). *The Creativity Code: Art and Innovation in the Age of AI.* Belknap Press.
Forbes(2020). How Yoox Net-a-Porter Is Using Artificial Intelligence To Revive Artisan Craft.
McKinsey & Company(2023). Generative AI: Unlocking the future of fashion.
Medium(2025). Battle of AI with Mood Boards.
MIT Sloan Management Review(2025). AI Ethics Strategy Lessons From H&M Group.
PYMNTS(2023). Zalando to Add ChatGPT-Powered Fashion Assistant to Online Platform.
Spotify Advertising(2023). Sound decisions: The consumer decision journey when deciding what to wear.
The Business of Fashion(2015). Iris van Herpen's Science Fashion.
The Business of Fashion(2018). How Zalando Is Fighting Off Amazon and Building the Spotify of Fashion.
The Business of Fashion(2023). How Gen AI Is Reshaping Fashion's Creativity.
The Guardian(2024). M&S using AI as personal style guru in effort to boost online sales.
The Short Media(2025). London Fashion Meets Tiktok: AI Trends shift the industry. https://theshortmedia.com/uk/london-fashion-meets-tiktok-ai-trends-shift-the-industry/

류현석

성균관대학교 인터랙션사이언스 연구소 수석연구원. 21년간 롯데백화점에서 MD 전략, 공간 기획, 본점 리뉴얼 등 주요 프로젝트를 총괄하며 국내 패션 유통 혁신을 선도해 왔다. 연세대학교 경제학과와 경영전문대학원(MBA, 마케팅)을 졸업하고, 성균관대학교에서 확률적 프런티어 분석(SFA, Stochastic Frontier Analysis)을 통해 백화점과 아울렛의 효율성을 비교한 연구로 기술경영(Technical Management) 박사 학위를 받았다. 연세대학교, 세종대학교 등에서 디지털과 아날로그, 유통 마케팅 관련 강의를 진행했으며, 현재 성균관대학교 글로벌융합학부에서 '패션, 컬쳐 그리고 뉴테크놀로지'와 '패션 마케팅과 공간 기획'을 강의하고 있다. 디지털 전환, AI 기반 유통, 지속 가능한 패션 전략과 마케팅, 유통 MD 분야에 깊은 관심을 두고 있으며, 한국콘텐츠진흥원 평가위원, 기업 자문, 대학 강의 등 폭넓은 활동을 통해 패션과 유통 산업의 미래를 연구하고 있다.